아는 것으로부터의 자유

J. Krishnamurti

아는 것으로부터의 자유

Freedom from the Known

지두 크리슈나무르티 | 정현종 옮김

물병자리

옮기고 나서

이 책은 너무 있기 때문에 있는 흔적조차 없다. 너무라는 건 틀린 말이다. 이 책은 그냥 있다. 이것은 책이 아니다. 책이 아니라 살아 있는 어떤 것이다.

이 책은 읽을 게 아니라 물처럼 마실 일이다. 아니, 우리는 이 책을 숨쉰다. 이 책이 숨이므로.

내가 이 책 ≪아는 것으로부터의 자유≫를 처음 만난 것은 1975년 봄 외국의 한 책방에서였다. 오래간만에 겪는 발견이었다. 저자는 우리에게 정말 살고 있느냐고 물으면서 완전한 변화—부분적인 변화가 아니다—즉 내적 혁명을 강조한다. 그러려면 '과거에 대해서 죽어야' 한다. 어제(즉 아는 것)에 대해 죽어야 오늘이 있고, 매순간 죽어야 매순간 산다. 그리고 저자에 따르면, 시간이 가면 나도 뭔가 달라지겠지…해서는 결코 달라지지 않는다. 당장, 즉각적으로만 달라질 수 있다.

나는 아직 과거에 대해 죽지 못하고 있고, 변화를 두려워하고 있으며, 따라서 완전한 변화—내적 혁명을 얻지 못하고 있다. 그러니 가짜 삶을 살고 있다. 그러나 이 책을 읽었을 때의 마음의 어떤 변화, 조각난 것이나마 그러한 변화의 흔적이 간헐적으로 지속되고 있음에는 틀림없는 것 같다.

이 책의 번역을 시작하면서 나는 발행인에게 이런 농담을 했다. 혼자 구원 받을까 하다가 혼자 받는 구원은 구원이 아니므로 번역을 하기로 했다고. 또 이런 말도 했다. 이 책을 읽은 사람들과 더불어 살면 이 세상이 한결 더 살 만하지 않을까 싶다고. 물론 이것은 번역한 자가 하는 말이지, 이 책은 그따위 말을 결코 하는 법이 없다. 이 책은 지금도 계속 씌어지고 있기 때문이다.

그런 책이 있다. 읽으면서 우리가 읽고 있는 건지 스스로 쓰고 있는 건지 알 수 없는 그런 책이 있다. 뱃속이 맞는 책, 지금 계속 씌어지고 있는 책이다.

크리슈나무르티는 인도의 신비가(神秘家)이자 철학자이며 '세계의 스승' 이라고 한다. 그러나 그런 건 아무래도 좋다. 이 책을 누가 썼든지 그게 무슨 상관이며, 쓴 사람이 어떤 사람이든지 그게 무슨 상관이 있으랴—우리가 지금 이 책을 쓰고(읽는 게 아니라) 있는 바에야!

이 책은 하퍼 앤드 로(Harper & Row) 출판사에서 그의 강연을 녹음, 기록해서 만든 것이며, 텍스트는 1975년 판이다.

1979년 봄

정현종

다시 책머리에

대지가 항상 비를 필요로 하고 건물에 창이 있어야 하듯이 우리는 항상 좋은 책을 읽어야 한다. 그리고 세월이 지나도 그 지혜의 샘이 마르지 않는 책은 그리 많지 않은데, 크리슈나무르티의 말을 기록한 책들이 바로 그러한 책 중의 하나이다.

여러 해 전 내가 크리슈나무르티의 ≪아는 것으로부터의 자유≫를 한국에 처음 소개한 뒤 한때 크리슈나무르티의 붐이 일었었는데, 사실 그의 말들은 한때 유행하고 끝날 말들이 아니라, 오늘날과 같이 점점 더 폭력적이 되어가는 세상에서는 더욱더 계속 음미되어야 할 말들이다. 그의 말들은 어떤 조직적인 종교의 경전으로 신봉되는 게 아니어서 '제도적 · 종교적 권위'를 누리지 못하지만, 또한 그렇기 때문에 강제적으로 읽힐 기회도 갖고 있지 못하지만, 오히려 그렇기 때문에 그의 말의 가치를 아는 사람들한테는 더욱더 현대적 경전이 되며 더없는 보석으로 빛을 낼 수 있는 야생적 지혜의 밀림이 되는 것이다.

수많은 예 중에서 한 대목을 읽어보면

"모든 길은 진리로 통한다는 말이 있다. 그러나 진리는 길을 갖고 있지 않으며, 바로 그 점이 진리의 아름다움이다. 또한 진리는 살아 있다. 죽은 것은 그것이 정적(靜的)이기 때문에 길을 갖고 있지만, 진리란 살아 움직이는 것이어서 쉴 곳이 없다. 어떤 절이나 교회에도 없으며 어느 종교나 선생, 철학자 그 누구도 당신을 진리로 인도하지 못한다는 것을 알게 되면, 당신은 이 살아 있는 것이 다름아닌 있는 그대로의 당신이라는 사실을 알게 될 것이다."

이 대목에서도 금방 느낄 수 있듯이 이러한 접근 방법, 이러한 사고방식, 이러한 통찰은 그 어떤 거창하고 세력 있는 종교, 그 어떤 체계적이고 도식적인 철학에서도 보지 못한 전혀 새롭고 혁명적인 접근 방식이요 통찰이다. 그리고 이 말은 크리슈나무르티 자신의 말이 있는 자리이기도 하다. 이 생래적으로 매인데 없는 영혼, 그 어디에도 매일 수 없는 영혼의 말은 그걸 알아들을 줄 아는 사람에게 가서 그의 길이 될 것이다.

2002년 봄

정현종

차례

Freedom from the Known

Freedom from the Known

이 터전, 이 삶이 우리가 아는 전부이며, 우리는 실존의 엄청난 싸움을 이해할 수 없는 나머지 그것이 두려워 여러 가지 기묘한 방법으로 그것으로부터 도피하려고 한다. 또한 우리는 모르는 것을 두려워한다. 죽음을 두려워하고, 내일의 저편에 있는 것을 두려워한다. 결국 우리는 아는 것을 두려워하고, 모르는 것도 두려워한다.

첫 번째 이야기

우리는 무엇을 찾고 있는가

"오랜 세월 우리는 선생들에 의해, 권위자들에 의해, 책과 성인들에 의해 마치 숟가락으로 떠먹여지듯 양육되었다. 우리 안에는 아무것도 새로운 것이 없다. 독창적이고도 원래 모습 그대로인, 그리고 명징(明澄)한 것이 아무것도 없다."

인간은 수세기 동안 줄곧 자기 자신 이상의 어떤 것, 물질적 행복 이상의 어떤 것을 찾아왔다. 즉 우리가 진리나 신 또는 실재라고 부르는 어떤 것, 시간을 초월한 어떤 영원한 상태, 다시 말해 환경이나 생각 또는 인간의 타락에 의해 침해될 수 없는 어떤 것을 찾아왔다.

그리고 인간은 줄곧 물어왔다. 이 모든 것은 도대체 무엇인가? 삶은 의미가 있는 것인가? 우리 인간은 삶의 엄청난 혼란, 잔인성, 저항, 종교 · 이데올로기 · 국민적 감정의 끝없는 분열 등을 보면서 깊은 좌절감을 느끼며 묻는다. 우리가 하는 것은 무엇이고 우리가 삶이라고 부르는 것은 무엇이며 그것을 넘으면 무엇이 있는가?

그리고 그렇게 줄곧 찾았던 수많은 이름의 이름없는 그것을 찾지 못하자 인간은 신앙이라는 것을 길렀다. 어떤 구세주 또는 관념에 대한 신앙, 그리고 언제나 폭력을 초래하는 신앙을.

삶이라고 부르는 이 끊임없는 싸움 속에서 우리는 항상 우리가 자란 사회—그것이 공산주의 사회이든 아니면 자유주의 사회이든 간에—의 행동규범을 세우려고 한다. 우리가 힌두교도든 회교도든 기독교도든 또는 그 어디에 속하든지 간에, 우리는 그 전통의 일부인 행동기준을 받아들인다.

우리는 우리 자신에게 무엇이 옳고 그른지를 말해주는 사람을 찾는다. 그리고 그렇게 찾은 모범을 따름으로써 우리의 행동과 생각은 기계적이 되고 우리의 반응은 자동적인 것이 된다. 이것은 우리 자신들 안에서 쉽게 관찰될 수 있는 모습이다.

오랜 세월 우리는 선생들에 의해, 권위자들에 의해, 책과 성인들에 의해 마치 숟가락으로 떠먹여지듯 양육되었다. 우리는 이렇게 말한다.

"모든 것들에 대해 말해주세요. 저 언덕들과 산 너머 그리고 지구의 저쪽에 무엇이 있는지……."

그러고는 그들의 설명을 듣고 우리는 만족해한다. 하지만 이것은 우리가 말에 의지해서 살며 우리의 삶이 경박하고 공허하다는 것을 뜻한다. 우리는 얻어들은 것으로만 사는 사람들이다. 늘 들은 바에 따라 살았고, 우리의 의도나 성향에 이끌려왔으며 여러 조건과 환경에 맞추어 억지로 모든 것을 받아들여 왔다. 우리는 많은 영향을 받아 생긴 하나의 결과이며, 우리 안에는 아무것도 새로운 것이 없고, 우리 자신을 위해 발견한 것이 아무것도 없다. 독창적이고도 원래 모습 그대로인, 그리고 명징(明澄)한 것이 아무것도 없다.

신학의 역사를 통해 종교 지도자들은 우리에게 다음과 같이 말해왔다.

"우리가 어떤 의식을 행하고, 무슨 기도나 염불을 되풀이하고, 어떤 모범을 따르고, 욕망을 억제하고, 생각을 제어하고, 정열을 승화시키고, 탐욕과 성욕에 대한 탐닉을 억제한다면, 우리의 마음과 몸은 어느 정도 고통을 당하겠지만 이내 이 보잘것없는 삶을 넘어서 뭔가를 발견하게 될 것이다."

이것이 오랜 세월 동안 소위 종교적이라는 사람들이 해온 일이었다. 그들은 그 일을 수행하기 위해 격리되거나, 사막이나 산 또는 동굴 같은 데로 들어갔으며, 또는 걸식을 하며 이 마을 저 마을로 방랑하거나, 아니면 수도원 같은 집단 속에 들어가 기성의 어떤 모범에 순응하고자 했다.

그러나 억지로 시달린 마음, 찢어진 마음, 모든 혼란에서 도피하고자 하는 마음, 다시 말해 바깥 세계를 거부하고 훈련과 순응을 통해서 무뎌진 그런 마음은, 그것이 아무리 오랫동안 찾아헤맨 것이라 하더라도 단지 일그러진 마음속에서 발견된 것일 뿐이다.

그래서 이 불안하고 죄 많고 무서우며 경쟁적인 실존을 넘어서 뭔가 정말 있는지 없는지를 알아내려면 완전히 다른 접근을 해야 된다고 생각한다. 전통적인 접근 방법은 주변으로부터 안으로 행하는 것으로서, 시간을 바치고 수련과 포기, 단념을 통해 점차 그 내면의 꽃, 그 내적 아름다움과 사랑에 이르는 것이다. 하지만 이것은 사실상 우리를 편협하고 왜소하고 가짜로 만들기 위해 모든 일을 다하는 것이나 다름없다. 즉 조금씩 벗겨내고, 시간을 들이고, 내일 하리라, 다음 생에 하리라 하는 것이다. 그러다가 마침내 중심에 이르렀을 때 거기엔 아무것도 없다는 걸 알게 되는데, 그 이유는 우리의 마음이 이미 무능력하고 무디고 무감각해져 버렸기 때문이다.

이러한 과정을 관찰한 사람은, 그러면 다른 접근 방법은 없는 것일까 하고 자문을 하게 된다. 즉 중심으로부터 폭발하는 것은 불가능한가 하고 말이다.

세상은 전통적인 접근 방법을 받아들이고 따른다. 우리가 혼란스러워 하는 일차적인 원인은 우리가 다른 사람들이 약

속해 놓은 실재를 찾고 있기 때문이다. 우리는 쾌적한 정신 생활을 보장해 줄 사람을 무조건적으로 따른다. 우리들 대부분이 정치적 횡포와 독재에 반대하면서도, 속으로는 권위와 폭정을 수락하고 우리의 마음과 생활방식을 뒤틀어 일그러뜨리는 자를 받아들이는 것은 참으로 이상한 일이다. 우리가 소위 정신적 권위, 모든 식전(式典)과 의식(儀式)과 독단을 머릿속으로만이 아니라 진실로 거부한다면, 그것은 우리가 이미 홀로 서 있으며 사회와의 갈등 속에 있다는 것을 뜻한다. 다시 말해 우리는 이미 존경할 만한 인간이 되고자 하지 않는 것이다. 존경할 만한 인간은 그 무한하고 잴 수 없는 실재에 가까이 갈 수가 없다.

당신이 바야흐로 완전히 그릇된 어떤 것, 즉 전통적인 접근을 거부하면서 출발을 했는데, 그것이 만일 한갓 반작용으로서 그렇게 한 것이라면 당신은 자신이 걸려들게 될 또 하나의 틀을 만들어내게 될 것이다. 만일 스스로 이 거부는 아주 훌륭한 생각이라고 머릿속으로만 말하면서 그것에 관해 아무것도 행하지 않는다면, 당신은 더 이상 앞으로 나아갈 수 없을 것이다.

그러나 만일 그것의 어리석음과 미숙함을 이해한 까닭에 그것을 거부한다면, 그리고 당신이 자유롭고 두려움이 없는 까닭에 엄청난 이해력과 총명함으로써 그것을 거부한다면,

주변에 어지러운 교란을 낳기는 하겠지만 자신은 '존경할 만함(respectability)' 이라는 함정에서 빠져 나오게 될 것이다. 그리고 자신이 더 이상 무언가를 찾고 있지 않음을 알게 될 것이다. 그것이 바로 알아야 할 첫 번째 것이다. 즉 찾지 않는다는 것이다. 당신이 무언가를 찾을 때 사실 당신은 다만 진열장을 구경하고 있을 따름이다.

신이나 진리, 실재 또는 그것을 무엇이라고 부르든지 간에 그러한 존재가 있느냐 없느냐 하는 질문은 결코 책이나 성직자, 철학자 또는 구세주들로부터 그 해답을 얻을 수 없다. 자기 자신 이외의 그 누구도 대답할 수 없으며, 바로 이 점이 자기 자신을 알아야 하는 까닭이다. 미숙함은 자신에 대해 완전히 알지 못하는 데서 나오며, 자신을 이해하는 것이 지혜의 시작이다.

그러면 당신 자신, 개체인 당신은 무엇인가? 나는 인간과 개인은 다르다고 생각한다. 개인은 국지적 실재로서, 특별한 나라에서 살며, 특수한 문화, 특별한 사회, 특별한 종교에 속해 있다. 하지만 인간은 국지적 실재가 아니다. 그는 어디에나 있다. 만일 개인이 삶이라는 광막한 영역의 한 특정 분야에서만 행동한다면, 그의 행동은 전체와 전혀 관계가 없다. 그래서 우리는 지금 부분이 아니라 전체에 대해서 말하고 있음을 염두에 두어야 하는데, 그 이유는 좀더 큰 것 속에는 작은 것이 있지만 좀더 작은 것 속에는 큰 것이 없기 때문이다.

개인은 자신의 작은 신(神)들과 작은 전통에 만족하면서 제한되고, 가련하고 좌절하는 작은 실재인 데 비해, 인간은 세계의 전체적 행복, 전체적 불행 그리고 전체적 혼란에 마음을 쓴다.

우리 인간은 수백만 년 동안 지금 이 모습 그대로였다. 즉 때때로 기쁨과 애정의 순간을 가지면서 엄청나게 탐욕스럽고, 선망하고, 공격적이고, 질투하고, 불안하고, 절망한다. 우리는 증오와 공포와 온화함의 기묘한 혼합이다. 우리는 폭력인 동시에 평화다. 달구지에서 비행기에 이르는 외적 발전은 있었으나 심리적으로 개인은 전혀 변하지 않았으며, 전세계의 사회구조는 개인에 의해 만들어졌다. 외적인 사회구조는 우리 인간관계의 내적 심리구조의 결과인데, 왜냐하면 개인은 인간의 전체 경험과 지식과 행위의 결과이기 때문이다. 우리들 각자는 과거로 채워진 창고다. 개인은 모든 인류인 인간이며, 인간의 모든 역사는 우리 안에서 씌어졌다.

경쟁적인 문화, 즉 권력, 지위, 위신, 명성, 성공 등을 얻기 위한 욕망과 함께 살고 있는 그 경쟁적인 문화 속에서 당신 자신의 안팎에서 실제로 무슨 일이 일어나고 있는지 관찰해 보라. 당신이 그다지도 자랑스러워하는 성취 그리고 갈등 · 증오 · 적대감 · 잔인성 · 끝없는 전쟁이 있는, 당신이 삶이라고 부르는 이 영역을 살펴보라.

이 터전, 이 삶이 우리가 아는 전부이며, 우리는 실존의 엄청난 싸움을 이해할 수 없는 나머지 그것이 두려워 여러 가지 기묘한 방법으로 그것으로부터 도피하려고 한다. 또한 우리는 모르는 것을 두려워한다. 죽음을 두려워하고, 내일의 저편에 있는 것을 두려워한다. 결국 우리는 아는 것을 두려워하고 모르는 것도 두려워한다. 이것이 우리의 삶이며, 거기에는 희망이 없다. 따라서 모든 형태의 철학, 모든 형태의 신학적 개념은 다만 있는 그대로의 실재로부터 도피하는 것에 불과할 뿐이다.

전쟁, 혁명, 개혁, 법률과 이데올로기가 초래한 모든 외적 형태의 변화는 인간의 본성을 바꾸는 데 완전히 실패했고 따라서 사회를 변화시키는 일에도 실패했다. 이 추악한 세계에 사는 인간으로서 우리는 스스로에게 묻는다. 경쟁과 잔인성과 공포 위에 세워진 이 사회에 종지부를 찍을 수 있을까? 머릿속 개념이나 희망으로써가 아니라 현실적인 사실로써, 다시 말해 마음이 신선해지고 새로워지고 천진해짐으로써 완전히 다른 세계를 이룩할 수 있을까?

내 생각에는 우리 각자가 개인으로서, 인간으로서, 세계의 어느 곳에 또 어떤 문화에 속하든지 간에, 지금 이 세계에 대해 전적으로 책임이 있다는 사실을 깨달았을 때만이 그러한 세계를 세울 수 있다.

우리 각자는 모든 전쟁에 대해 책임이 있다. 왜냐하면 전쟁은 우리가 지닌 삶의 공격성, 그리고 우리를 갈라놓고 있는 편견과 관념으로 인해 발발하기 때문이다. 그리고 우리가 다음과 같은 사실, 즉 우리가 이 현존하는 혼돈과 전세계에 걸친 비참한 불행에 대해 책임이 있음을 깨달을 때, 그것도 머릿속으로만이 아니라 진정으로 깨달을 때에만 우리는 행동하게 될 것이다. 왜냐하면 우리는 일상생활 속에서 이 세계에 기여했으며 전쟁, 분열, 추악함 그리고 탐욕으로 얼룩진 이 기괴한 사회의 일부기 때문이다.

그러나 완전히 다른 사회를 창조하기 위해 인간은 무엇을 할 수 있는가? 우리는 무엇을 할 수 있는가? 우리는 지금 아주 진지한 질문을 하고 있다. 도대체 행해진 것은 무엇인가? 우리는 무엇을 할 수 있는가? 누가 우리에게 말해줄 것인가? 사람들은 우리에게 말했다. 소위 이러한 문제들을 우리보다 더 잘 이해했을 것이라고 추측되는 정신적 지도자들은 이리저리 뒤틀어보면서 우리에게 말했고 새로운 주형(鑄型) 속에 우리를 부어 넣었지만, 우리를 그다지 이끌지는 못했다. 즉 궤변에 능하고 유식한 사람들의 말은 우리를 아주 많이 이끌지 못했다.

모든 길은 진리로 통한다는 말이 있다. 이 말은 어떤 사람은 힌두교도로서의 길을 갖고 있고 다른 사람은 기독교도로서의 길을, 또 다른 사람은 회교도로서의 길을 갖고 있어도 그들은 모두 같은 문 앞에서 만난다는 뜻이다. 하지만 그것은 보면 알다시피 너무도 어리석은 말이다. 진리는 길을 갖고 있지 않으며, 바로 그 점이 진리의 아름다움이다.

또한 진리는 살아 있다. 죽은 것은 정적(靜的)이기 때문에 길을 갖고 있지만, 진리란 살아 움직이는 것이어서 쉴 곳이 없다. 어떤 절이나 교회에도 없으며 어느 종교나 선생, 철학자 그 누구도 당신을 진리로 인도하지 못한다는 것을 알게 되면, 당신은 이 살아 있는 것이 다름아닌 있는 그대로의 당신이라는 사실을 깨닫게 될 것이다—당신은 분노, 잔인성, 폭력, 절망 그리고 고민과 슬픔 속에 살고 있다. 진리란 이 모든 것을 이해하는 데 있으며, 당신의 삶에 있는 이 모든 것을 바라보는 법을 배워야만 비로소 진리를 이해할 수 있다.

당신은 어떤 이데올로기나 말이나 희망이나 공포를 통해서도 이해할 수 없다. 따라서 당신은 자신이 누구에게도 의지할 수 없음을 알게 된다. 안내자도, 선생도, 권위자도 없다. 오직 당신과 당신이 다른 사람과 세계와 맺고 있는 관계뿐이며, 그 외에는 아무것도 없다. 당신이 그러한 사실을 깨달을 때, 그것은 커다란 절망을 가져오거나—이 절망에서 냉소나 비아냥 같은 것이 나오게 된다—또는 그 누구도 세계와 당신에 대해, 당신이 생각하는 것에 대해, 당신이 느끼는 것에 대해, 당신의 행동에 대해 책임이 없다는 사실 앞에서 모든 자기 연민이 사라지게 된다. 우리는 보통 남을 비난함으로써 번성하는데, 이것은 자기 연민의 한 형태다.

그렇다면 우리는 외부의 아무런 영향 없이, 아무런 설득 없이, 형벌에 대한 공포 없이, 우리 안에 우리 존재의 핵심 속에 완전한 혁명, 심리적 변화를 가져올 수 있을까? 그리고 그렇게 함으로써 잔인함, 폭력성, 경쟁심, 불안감, 두려움, 탐욕스러움, 질투심 그리고 그 외의 모든 우리의 본성—이것은 우리가 나날의 삶을 살고 있는 부패한 사회를 이룩하고 있다—의 현현(顯現)에 종지부를 찍을 수 있을까?

내가 지금 철학이나 관념의 신학적 구조 또는 신학적 개념을 만들고 있는 것이 아니라는 사실을 우선 이해해야 한다. 나에게는 모든 이데올로기가 너무도 바보스러워 보인다. 중요한 것은 삶의 철학이 아니다. 우리의 삶 속에서, 매일 내적 · 외적으로 무슨 일이 실제로 일어나고 있는가를 관찰하는 것이다. 일어나고 있는 일을 면밀히 관찰하고 검토해 보면, 그것이 지적 개념에 기초해 있다는 사실을 알게 될 것이다.

지성이란 실존의 전 영역이 아니다. 그것은 하나의 조각에 불과하며, 조각이란 그것이 아무리 영리하게 결합되어 있고 아무리 오래되고 전통적인 것이라 하더라도 역시 실존의 한 부분일 뿐이다. 하지만 우리는 삶의 전체성을 다루지 않으면 안 된다.

세계 속에서 일어나고 있는 일을 관찰할 때 우리는 외적 과정도 내적 과정도 없다는 사실을 이해하기 시작한다. 즉 단 하나의 과정이 있을 뿐이며, 그것은 완전한 전체적인 운동이다. 내적 운동은 스스로를 외적인 것으로 표현하고 외적 반작용은 다시 내적인 것에 작용한다. 이런 사실을 볼 수 있다면 더 이상 바랄 게 없을 것이다. 왜냐하면 우리가 보는 법을 알게 되면 그때는 모든 것이 분명해지며 보는 일은 어떤 철학도 선생도 필요로 하지 않기 때문이다. 아무도 당신에게 어떻게 볼 것인가를 가르쳐줄 필요가 없다. 그냥 보면 되는 것이다. 그렇다면 이 모든 현상을 봄으로써, 말로써가 아니라 실제로 봄으로써 당신 자신을 쉽고 자발적으로 변화시킬 수 있을까? 이것이 진짜 문제이다. 정신에 완전한 혁명을 가져올 수 있을까?

위와 같은 질문에 대해 당신은 어떤 반응을 보일까? 아마 대부분의 사람들은 "나는 변화를 바라지 않는다"라고 말할지도 모른다. 특히 사회적 · 경제적으로 매우 안정돼 있는 사람들이나 독단적 신념을 견지하고 있는 사람들 그리고 자신과 사물의 있는 그대로에 만족하거나 약간의 변화에 만족하는 사람들은 변화를 바라지 않을 것이다. 그런 사람들은 우리가 관심가질 바가 아니다. 또 어떤 사람은 "그건 너무 힘든 일이고, 나한테는 맞지 않는 일이다"라고 좀더 교묘하게 말할지도 모른다. 이 경우 그는 이미 자신을 봉쇄한 것이고 질문하는 일을 그친 셈이 될 것이며, 이것은 앞으로 더 나아가는 데 전혀 도움이 되지 않는다.

아니면 또 당신은 "나는 나 자신 안에 근본적인 내적 변화가 필요함을 알지만 어떻게 그것을 해야 할지 모르겠다. 나에게 그 길을 가르쳐주고, 그리로 향하도록 나를 도와 달라"고 말할지도 모른다. 이런 말을 한다면, 당신이 관심을 갖고 있는 건 변화 자체가 아니다. 즉 당신은 기본적인 혁명에 정말로 관심을 갖고 있는 게 아니다. 말하자면 다만 변화를 가져오기 위한 어떤 방법이나 체계를 찾고 있는 데 불과한 것이다.

만일 내가 당신에게 어떤 체계를 줄 만큼 바보스럽고 또 당신이 그것을 따를 만큼 바보스럽다면, 당신은 다만 베끼고, 모방하고, 순응하고, 받아들일 따름이며 그것은 자신 안에 또 다른 권위를 세우는 셈이 된다. 그리고 그 과정에서 당신은 이러저러한 일을 해야 한다고 느끼게 되는데, 그 이유는 당신은 그런 일을 해야 한다고 들었기 때문이며 그렇지만 그것을 할 능력이 없기 때문이다.

당신은 자신이 좇아야 한다고 생각하는 체계와 마찰하는 자신만의 독특한 의향이나 경향과 억압들을 갖고 있으며 그래서 거기엔 늘 모순이 있게 된다. 그 결과 그 체계의 이데올로기와 실존의 현실 사이에서 이중적인 삶을 살아가게 된다. 그 이데올로기에 순응하려고 하면서 당신은 자신을 억압하게 되는데, 사실 진정으로 참된 것은 이데올로기가 아니라 있는 그대로의 당신이다. 만일 다른 사람과 똑같이 자신을 탐구한다면 당신은 항상 남의 말만 듣고 따라가는 이차적인 인간에 머무르게 된다.

"나는 변하기를 바란다, 방법을 가르쳐 달라"고 말하는 사람은 일견 매우 진지하고 열성적으로 보이지만, 실제로는 그렇지가 않다. 그는 자신 안에 질서를 가져다줄 권위를 원하는 것이다. 그러나 권위가 내적 질서를 가져다줄 수 있을까? 밖에서 부과된 질서는 언제나 무질서를 낳는다. 당신은 이러한 진실을 머릿속으로는 알지 모른다. 하지만 이것을 실제로 적용해서 당신의 마음에 더 이상 어떤 권위도 세우지 않을 수 있는가? 말하자면 책의 권위, 선생, 아내나 남편, 부모, 친구 또는 사회 등의 권위에 의존하지 않을 수 있는가 하는 것이다. 왜냐하면 우리는 언제나 판에 박은 듯한 틀 안에 있었기 때문인데, 그 방식은 늘 이데올로기나 권위가 된다. 그러나 "나는 어떻게 변화할 수 있나?"라는 질문이 새로운 권위를 만든다는 사실을 아는 순간, 당신은 권위와 영원히 결별하게 된다.

위의 문제에 대해 다시 한 번 분명히 얘기해 보자. 나는 내 존재의 뿌리부터 완전히 변해야 한다는 것을 안다. 나는 더 이상 어떤 전통에도 의존할 수 없는데, 왜냐하면 전통은 엄청난 게으름과 수락과 순종을 초래했기 때문이다. 변화하기 위해 누구에게도 그리고 무엇에게도 도움을 바랄 수 없다. 가령 선생, 신(神), 신념, 체계, 외적 압력이나 영향으로부터도 도움을 받을 수 없다. 그렇다면 어떻게 해야 하는가?

무엇보다도 먼저, 당신은 모든 권위를 거부할 수 있는가? 만일 그럴 수 있다면 그것은 당신이 더 이상 두려워하지 않는다는 것을 뜻한다. 그렇다면 어떤 일이 일어날까? 당신이 오랫동안 지녀오던 그릇된 것을 거부할 때, 그리고 모든 짐을 벗어던질 때 무슨 일이 일어나는가? 당신은 더 많은 힘을 갖게 된다. 더 많은 능력, 더 많은 추진력, 더 큰 강도와 생명력을 갖는다. 만일 이것을 느끼지 못한다면 그것은 아직 그 짐을 벗어던지지 않은 것이며, 생명력 없는 권위라는 무게를 벗어던지지 못한 것이다.

그러나 그것을 벗어던졌고 그 속에 전혀 두려움—실수에 대한 두려움, 옳은 일 또는 나쁜 일을 하는 데 대한 두려움—이 없는 그런 에너지를 갖게 되었다면, 그 에너지 자체가 변화 아니겠는가? 우리는 엄청난 에너지를 필요로 하면서도 공포 때문에 그것을 분산시켜 버린다. 그러나 모든 공포를 던져 버림으로써 그런 에너지가 생기면, 그 에너지 자체가 근본적인 내적 혁명을 낳는다. 그래서 내적 혁명을 위해 더 이상 뭔가를 하지 않아도 된다.

결국 당신은 혼자 남게 되며, 모든 것에 대해 진지해진다. 그리고 더 이상 누구한테도 또는 어떤 것에게도 도움을 바라지 않기 때문에, 당신은 이미 무언가를 발견해야 한다는 사실로부터 자유로워진 것이다.

자유가 있으면 에너지가 있다. 그리고 자유가 있으면, 그것은 어떤 잘못도 저지르지 않는다. 자유는 저항과는 완전히 다르다. 자유가 있을 때 거기엔 잘한다든가 못한다든가 하는 일이 없다. 당신은 자유로우며 그것을 중심으로 행동한다. 그러므로 거기엔 공포가 없으며, 그런 두려움 없는 마음은 위대한 사랑을 가능하게 한다. 그리고 사랑이 있으면 그것은 하고자 하는 바를 할 수 있게 된다.

따라서 우리가 지금 하려는 것은 자신에 관해 알려고 하는 것인데, 그것은 나나 어떤 분석가 또는 철학자를 좇아서 알려는 게 아니라 있는 그대로의 우리를 알려고 하는 것이다. 만일 우리가 어떤 사람에 의해서 자신을 알게 된다면, 그것은 우리 자신이 아니라 그들에 관해 아는 것이다.

우리의 정신구조가 완전한 혁명을 이룩하는 데 있어서 어떠한 외부의 권위에도 의존할 수 없음을 알고 나면, 이번에는 엄청나게 더 큰 어려움이 우리 앞에 놓인다. 그것은 자신의 내적 권위, 자신의 특수하고 작은 체험들과 조금씩 축적된 지식, 이념, 관념들의 권위를 거부하는 일이다.

당신은 어제 당신에게 뭔가 가르쳐준 체험을 했고, 그 체험이 가르쳐준 것은 이내 새로운 권위가 된다. 그리고 어제의 그 권위는 천년 묵은 권위와 마찬가지로 파괴적이다. 하지만 자신을 이해하는 데 있어서 어제의 것이든 천년 묵은 것이든 어떤 권위도 필요치 않다. 우리는 살아 있으며, 항상 움직이고 유동하여 쉬지 않기 때문이다. 우리가 어제의 죽은 권위를 가지고 자신을 바라볼 때, 우리는 살아 있는 순간은 물론 그 순간의 아름다움과 특질조차 이해하지 못하게 된다.

자신의 것이든 다른 사람의 것이든 모든 권위에서 자유롭다는 것은 어제의 모든 것이 죽는다는 뜻이며, 그때 당신의 마음은 항상 신선하고 젊고 천진하고 활력과 정열이 넘치게 된다. 우리가 배우고 관찰하는 것은 오직 그런 상태에서이다.

그리고 그러기 위해서는 상당한 앎이 필요한데, 즉 그것은 당신 안에서 무엇이 진행되고 있는지를 알아차리는 것이다. 이 앎은 당신 안에서 일어나고 있는 것에 대한 교정 없이 또는 그것에 대해 해야 할 것과 해서는 안 될 것을 얘기하지 않은 채 행해져야 하는데, 왜냐하면 당신이 그것을 교정하는 순간 당신은 또 하나의 권위, 하나의 검열을 마련하는 것이기 때문이다.

이제 우리는 자신을 찾아보려고 한다. 이 책은 한 사람이 혼자 설명하고 있는 게 아니라, 더불어 여행을 떠나는 것, 우리 마음의 가장 비밀스런 구석들을 찾아가는 여행인 것이다. 그리고 이런 여행을 할 때는 가볍게 여행해야 한다. 즉 의견과 편견과 결론들, 말하자면 지난 2,000년 동안 또는 그 이상 모아온 낡은 짐들로 인해 여행이 무거워져서는 안 된다는 것이다.

이제 자신에 관해 아는 것을 모두 잊으라. 자신에 관해 지금까지 가졌던 생각을 잊으라. 우리는 아무것도 모르는 것처럼 출발하려고 한다. 어젯밤에는 비가 몹시 내렸고, 지금은 개이기 시작한다. 새롭고 신선한 날이다. 이 새로운 날이 마치 단 하루밖에 없는 것처럼 만나자. 어제의 기억은 모두 뒤에 남겨놓고 함께 여행을 떠나자. 그리고 처음으로 우리 자신에 대해 이해하기 시작하자.

두 번째 이야기

자신을 이해한다는 것

"바로 앞이 낭떠러지라는 사실을 알았을 때처럼
당신이 제약되어 있다는 사실을 즉각적으로 알 때에만,
당신은 행동한다. 그래서 아는 것은 행동하는 것이다."

자신에 관해 아는 것이 중요하다고 생각하는 까닭이 단지 나나 다른 사람이 그게 중요하다고 말해줬기 때문이라면, 우리의 대화는 이것으로 끝일지도 모른다. 만일 자신을 완전히 이해하는 일이 아주 중요한 것이라는 데 동의한다면, 당신과 나는 아주 각별한 관계를 갖게 되며, 행복하고 주의 깊고 총명한 질문들을 가지고 함께 탐험할 수 있게 된다.

나는 당신에게 어떠한 신앙심도 요구하지 않는다. 즉 나는 나 자신을 권위로 내세우지 않는다. 나는 아무것도 가르칠 것이 없다. 실재에 이르는 새로운 철학도, 새로운 체계도, 새로운 길도 없다. 진리로 가는 길 이외에 실재에 이르는 길이란 없다. 모든 권위는 가장 파괴적이며 나쁜 것이다. 지도자는 추종자를 파괴하고 추종자는 지도자를 파괴한다. 자신이 자신의 선생이 되어야 하며 동시에 자신의 생도가 되어야 한다. 당신은 인간이 가치 있고 필요하다고 받아들인 모든 것들에 대해 의문을 제기해야 한다.

어떤 사람을 따르지 않을 때 당신은 매우 외롭다고 느낄 것이다. 그렇다면 외로워하라. 왜 외로움을 두려워하는가? 그것은 있는 그대로의 자신과 대면하기 때문이며, 자신이 공허하고 무디고 바보스럽고 추하고 죄스럽고 불안하다는 사실, 즉 왜소하고 겉을 꾸미고 들은 풍월로 사는 존재임을 발견하기 때문이다. 사실을 직시하라. 그것으로부터 도망치려 하지 말라. 도망치는 순간 두려움은 시작된다.

우리는 자신을 찾는 데 있어서 우리를 세상으로부터 고립시키지 않는다. 그것은 바람직한 과정이다. 세상 사람들은 모두 우리처럼 나날의 문제들에 얽매여 있다. 따라서 우리는 자신을 탐구하는 데 있어서, 개인과 집단 사이에 차이가 없다는 것 때문에 신경을 곤두세우지는 않는다. 그것은 엄연한 사실이다. 나는 있는 그대로의 나의 세계를 창조한 것이다. 그러니 부분과 전체의 이 싸움에서 패배하지 말자.

나는 내 자아의 범위를 알아야 하는데, 이것이 바로 개인과

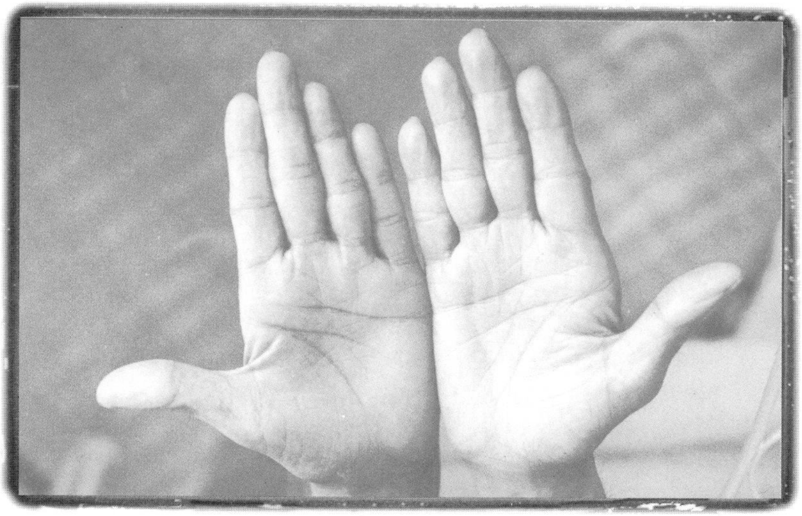

어디서부터 우리 자신을 이해하기 시작할 것인가.

사회에 대한 의식이다. 그리고 마음이 이 개인의식과 사회의식을 넘어서야만 나는 나 자신에게 온전한 빛이 될 수 있다.

그러면 어디서부터 우리 자신을 이해하기 시작할 것인가? 어떻게 나 자신을 탐구하고, 관찰하며, 내 안에서 실제로 무슨 일이 일어나고 있는지를 알 것인가? 나는 관계라는 틀 속에서만 내 자신을 관찰할 수 있는데, 그것은 모든 삶이 관계이기 때문이다. 구석에 앉아서 자신에 관해 명상하는 건 쓸데없는 짓이다. 나는 나 혼자 있을 수 없다. 나는 다른 사람들, 사물들, 생각들과의 관계 속에서만 존재하며, 내적 사물과 마찬가지로 외적 사물과 사람들과의 관계를 탐구해야만 나 자신을 이해하기 시작한다. 다른 형태의 이해는 단지 추상에 지나지 않으며, 추상 속에서는 자기를 탐구할 수가 없다. 나는 추상적 실체가 아니다. 따라서 현존 또는 현실 속에서 나를 탐구해야 한다. 즉, 내가 바라는 '나'가 아니라 지금 있는 '나'를 탐구해야 하는 것이다.

이해는 지적 과정이 아니다. 자신에 관한 지식을 얻는 것과 자신에 관해 아는 것은 서로 다른데, 그것은 자신에 관해 쌓은 지식은 언제나 과거의 것이며 과거의 짐을 지고 있는 마음은 언제나 슬프기 때문이다. 자신에 관해 아는 일은 언어나 기술 또는 과학을 배우는 것과 다르다. 이런 것들을 알려면 축적하고 기억해야 한다.

모든 것을 다시 시작한다는 게 불합리해 보일지도 모른다. 그러나 심리적인 영역에서 보면, 자신에 관해 아는 일은 언제나 현재 속에서의 일이고 지식은 언제나 과거 속에 있는 것이며, 우리들 대부분이 과거 속에 살고 과거에 만족할 때, 지식은 우리에게 엄청나게 중요한 것이 된다. 이것이 우리가 박식한 사람, 영리한 사람, 능란한 사람을 숭앙하는 이유이다. 그러나 만일 항상 배우고, 매순간 배우고, 관찰하고 들음으로써 배우고, 보고 행함으로써 배운다면, 배운다는 것은 과거가 없는 끊임없는 운동이라는 사실을 알게 될 것이다. 만일 당신이 자신에 관해 점진적으로 자꾸 더 보태가며 조금씩 배울 거라고 말한다면, 그것은 지금 있는 그대로의 자신을 탐구하는 것이 아니라 얻은 지식을 통해서 탐구하는 것이다.

배운다는 것에는 대단한 감수성이 내포되어 있다. 관념이 있는 자리엔 감수성이 없는데, 그 이유는 관념이란 과거의 것임에도 불구하고 현재를 지배하기 때문이다. 따라서 마음은 더 이상 민첩하지도, 유연하지도, 주의 깊지도 않다. 우리들 대부분은 육체적으로조차 민감하지 못하다. 과식하고, 올바른 식사법에 대해 신경쓰지 않으며, 담배를 지나치게 많이 피우고 과음함으로써 우리의 몸은 뚱뚱해지고 무감각해진다. 유기체 자체의 주의력이 둔감해지는 것이다.

유기체 자체가 둔감하고 무겁다면 어떻게 민첩하고, 민감하고, 맑은 마음이 있을 수 있겠는가? 우리는 우리에게 개인적으로 와닿는 것들에 대해서는 민감할지 모르지만, 삶의 모든 함축된 뜻에 대해 완전히 민감해지기 위해서는 유기체와 정신이 분리되어서는 안 된다. 그것은 총체적인 운동이다.

어떤 것을 이해하려면 그것과 살아야 하고, 그것을 관찰해야 하고, 그것의 내용을 모두 알아야 하고, 그것의 본질 · 구조 · 운동을 알아야 한다. 당신은 당신 자신과 함께 살아보려고 한 적이 있는가? 있다면, 당신은 자신이 정적 상태가 아니라 싱싱하게 살아 있다는 사실을 깨닫기 시작할 것이다. 그리고 살아 있는 것과 더불어 살려면 당신의 마음 역시 살아 있어야 한다. 만일 마음이 의견들 그리고 가치들에 사로잡혀 있다면 결코 살아 있을 수가 없다.

자신의 머리와 가슴의 운동, 자신의 전 존재의 운동을 관찰하려면 자유로운 마음을 갖고 있어야 한다. 말하자면 동의나 반대를 하지 않고, 논쟁에서 어떤 편에 서지 않으며, 단지 말로만 싸우는 것이 아니라 이해하고자 하는 의도를 좇아야 한다. 이것은 매우 어려운 일이다. 왜냐하면 강물의 아름다움을 보고 나무 사이로 부는 미풍 듣는 법을 아는 것 이상으로 우리는 자신의 존재를 보고 듣는 법에 대해 대부분 알지 못하기 때문이다.

비난하거나 정당화할 때 우리는 투명하게 볼 수 없으며, 우리의 마음이 끊임없이 지껄이고 있을 때도 또한 그렇다. 그럴 때 우리는 있는 그대로 보지 않는다. 다만 우리 자신들로 만들어진 투영들을 볼 따름이다. 우리는 우리의 있는 그대로의 모습이라고 생각하는 이미지나 또는 이러저러하게 되어야 한다고 생각하는 이미지를 갖고 있는데, 그 이미지들로 인해 있는 그대로의 모습을 전혀 보지 못하게 된다.

이 세상에서 가장 힘든 일 가운데 하나는 어떤 것을 단순하게 바라보는 것이다. 우리의 마음은 아주 복잡한 것이기 때문에 우리는 단순성이라는 속성을 잃어버렸다. 여기서 말하는 단순성이란 옷이나 음식의 소박성, 말하자면 로인클로스(주로 미개인들이 입는 허리에 걸치는 간단한 옷—옮긴이)만을 입는다든가 단식일수의 기록을 깬다든가 그 밖의 성인들이 계발, 연마한 미숙한 난센스를 말하는 게 아니라, 사물을 두려움 없이 똑바로 볼 수 있는, 즉 약간의 왜곡도 없이 있는 그대로 볼 수 있는, 그리고 거짓말을 할 때 그것을 은폐하거나 그것에서 도망치지 않고 거짓말을 하고 있다고 말할 수 있는 천진성을 말한다.

또한 자신을 이해하려면 상당한 겸손이 필요하다. 만일 "난 나 자신을 알고 있다"라고 말함으로써 출발한다면, 당신은 이미 자신에 관해 배우기를 멈춘 것이다. 또 만일 "나는 단지 기억, 관념, 체험과 전통들이 모여 있는 하나의 꾸러미에 불과하기 때문에 나에 관해서는 배울 게 많지 않다"라고 해도 당신은 역시 자신에 관해 배우기를 멈춘 것이다. 당신이 뭔가를 성취하는 순간 당신은 그 천진성과 겸손이라는 속성을 잃어버린다.

지식으로부터 어떤 결론을 얻거나 지식을 검토함으로써 무엇인가를 시작하는 순간 당신은 끝이 나게 되는데, 그것은 모든 살아 있는 것을 낡은 것에 비추어 해석하기 때문이다. 반면에 당신에게 아무런 발판도 없고 확실성도 성취도 없다면, 거기에는 보고 성취할 자유가 있다. 그리고 자유로움을 가지고 바라볼 때 그것은 언제나 새롭다. 자신에 찬 사람은 죽은 사람인 것이다.

그러나 우리의 마음이 태어나는 순간부터 죽는 순간까지 '나'라는 좁은 틀 속에서 특수한 문화에 의해 만들어진 것이라면, 어떻게 우리가 보고 배우는 데 자유로울 수 있겠는가? 수세기 동안 우리는 국적, 신분, 계급, 전통, 종교, 언어, 교육, 문학, 예술, 풍속, 관습, 각종 정치 선전, 경제적 압력, 음식, 기후, 가족, 친구, 체험과 같은 모든 영향으로부터 제약을 받아왔기 때문에 모든 문제에 대한 우리의 반응이 제약받는다는 사실을 알고 있는가? 제일 먼저 자문해야 할 것은 이것이지, 어떻게 제약에서 자유로울 것이냐가 아니다. 당신은 결코 제약으로부터 자유로울 수 없으며 만일 "나는 제약으로부터 자유로워야 한다"라고 말했다면, 당신은 또 다른 형태의 제약의 함정에 빠지기 십상이다.

당신은 자신이 제약받고 있다는 사실을 알고 있는가? 심지어 나무를 보면서 "이건 참나무"라거나 "이건 보리수"라고 말할 때조차 그 나무의 명명(命名)—이것은 식물학적 지식인데—이 자신의 마음을 너무 제약하는 나머지 당신이 그 나무를 진정으로 볼 수 없을지도 모른다는 사실을 알고 있는가? 나무와 접촉하려면 나무에 당신의 손을 대야 하는데, 말은 당신이 그것과 접촉하는 것을 돕지 않을 것이다.

자신이 제약받고 있다는 것을 당신은 어떻게 아는가? 무엇을 통해 알게 되었는가? 무엇이 당신에게 당신이 배고프다고 말하는가? 이론으로서가 아니라 배고픔의 실제 사실을 말이다. 마찬가지로 당신은 자신이 제약돼 있다는 실제 사실을 어떻게 발견하는가? 어떤 문제, 어떤 도전에 대한 당신의 대응을 통해서는 아닌가? 당신은 제약에 따라 모든 도전에 대응하기 때문에, 당신의 제약됨이 부적절한 것일 때 대응도 언제나 부적절한 것이 될 것이다.

이러한 사실을 알았을 때 인종, 종교, 문화의 제약이 감금이라는 느낌을 받는가? 국적이라는 형태의 제약을 놓고 진지하고 완전하게 그것을 인식하면서 당신이 그것을 즐겨하는지 아니면 그것에 저항하는지 살펴보라. 그리고 만일 그것에 저항한다면, 당신이 모든 제약을 깨고 싶어하는지를 살펴보라. 만일 자신의 조건에 만족한다면 당신은 그것에 관해 아무것도 할 수 없겠지만, 만일 만족하지 않는다면 당신은 자신이 그것 없이는 결코 아무것도 할 수 없음을 깨달을 것이다. 결코! 그렇기 때문에 당신은 사자(死者)와 함께 항상 과거 속에 사는 것이다.

기쁨을 지속할 수 없거나 또는 고통을 피할 수 없을 때 자신이 제약받고 있음을 알 수 있을 것이다. 주위의 모든 것들이 완벽한 행복을 이루고 있다면, 다시 말해 당신의 아내가 당신을 사랑하고 당신은 그녀를 사랑하며 좋은 집과 착한 아이들이 있고 많은 돈을 갖고 있다면, 당신은 자신이 제약받고 있다는 것을 전혀 모를 것이다. 그러나 마음이 동요될 때, 즉 아내가 다른 사람을 쳐다보거나 돈을 낭비하거나 전쟁 또는 다른 고통이나 불안의 위협을 받거나 하면, 당신은 자신이 제약되어 있음을 알게 된다. 그리고 우리들 대부분의 시간은 얕든 깊든 근심에 쌓여 있게 마련인데, 바로 그 근심이 우리가 제약돼 있음을 암시하는 것이다. 동물은 쓰다듬어줄 때에는 유순하게 반응하지만, 적대적인 도발을 당하는 순간 본래의 모든 포악함이 드러난다.

우리는 삶, 정치, 경제 상황, 공포, 잔인성, 자신의 슬픔은 물론 이 세상의 슬픔에 관해 불안해하며, 그렇기 때문에 우리가 얼마나 심히 옹색하게 제약돼 있는가를 깨닫는다. 그러면 우리는 무엇을 할 것인가? 우리들 대부분이 그렇듯이 그 불안을 수락하고 그것과 더불어 살아갈까? 등에 통증을 앓으며 사는 것에 익숙하듯 곧 그것에 익숙해질까? 그것을 참고 견딜까?

사람들은 모두 참고 견디거나 그것에 익숙해지거나, 환경 탓으로 돌리면서 그것을 비난하는 경향이 있다. "아, 일들이 제대로 됐다면 내가 이렇게 되지 않았을 텐데"라고 말하거나 "나에게 기회를 달라, 그러면 일을 해내리라"고 하거나 또는 "나는 그 모든 불공평 때문에 무너졌다"라고 하면서 항상 다른 사람과 환경과 경제 상황에 대한 우리의 불안정을 탓한다.

만일 어떤 사람의 마음이 불안정에 길들여졌다면 그의 마음은 둔감해진 것인데, 그것은 마치 주위의 아름다움에 대해 무감각해지면서 익숙해지는 것과 같다. 무관심하고 모질고 무감각해지면, 마음은 더욱더 둔감해진다. 우리는 그것에 길들여지지 않기 위해 어떤 약을 먹음으로써, 정치 집단에 가담함으로써, 소리치고, 글쓰고, 축구 구경 가고, 절이나 교회에 가고 또는 다른 형태의 즐거움을 취함으로써 그것으로부터 도피한다.

왜 우리는 사실로부터 도피하려는 것일까? 그것은 바로 죽음—나는 이것을 다만 하나의 예로서 들고 있는 것이지만—을 두려워하기 때문이다. 그래서 우리는 죽음이라는 사실을 위장하기 위해 모든 이론, 희망, 신념들을 만들어내지만, 그 사실은 여전히 없어지지 않는다. 어떤 사실을 이해하려면 그것으로부터 도망치지 말고 그것을 똑바로 보아야 한다. 우리들 대부분은 죽는 것과 마찬가지로 사는 것을 두려워한다. 가족을 우려하고 여론을 두려워하며 직업이나 안정 또는 그 외의 수많은 것들을 잃을까봐 두려워한다. 분명한 사실은 우리가 두려워한다는 것이지, 이것이나 저것을 두려워한다는 것이 아니다. 그렇다면 왜 우리는 그 사실을 똑바로 볼 수 없는가?

당신은 사실을 현재 속에서만 대면할 수 있으며, 만일 사실로부터 항상 도피하고 있기 때문에 그것이 현재 존재한다는 사실을 인정하지 않는다면, 당신은 결코 그것을 정면으로 만나지 못한다. 그리고 우리가 도피의 전(全) 네트워크를 키워놓았기 때문에 우리는 도피의 습관에 붙잡혀 있게 된다.

만일 당신이 상당히 민감하고 진지하다면, 자신이 제약되어 있다는 것을 알 뿐만 아니라 그것이 가져오는 결과의 위험, 그리고 그것이 초래하는 잔인성과 증오도 알게 될 것이다. 그렇다면 그것의 위험을 알고 있는데 왜 행동하지 않는가? 에너지의 결핍 상태인 게으름 때문인가? 만일 가다가 뱀을 만났거나 낭떠러지에 직면했거나 불이 난 것 같은 직접적인 육체적 위험을 알게 된다면 에너지는 결핍되지 않을 것이다. 그런데 당신이 제약돼 있다는 위험을 알았을 때 왜 행동하지 않는가? 만일 민족주의가 자신의 안전에 위험하다는 걸 알았다면, 당신은 행동하지 않았는가?

대답은 당신이 모른다는 것이다. 분석이라는 지적 과정을 통해 당신은 민족주의가 자기 파멸로 이끈다는 것을 알 수 있지만, 그 안에는 정서적 내용이 없다. 정서적 내용이 있을 때에만 당신은 생명력을 갖게 된다.

자신의 제약 위험을 다만 지적 개념으로만 안다면, 당신은 그것에 관해 아무것도 할 수 없을 것이다. 위험을 단순히 관념으로만 알 때 관념과 행동 사이에는 갈등이 있게 되며 그 갈등은 당신의 에너지를 앗아간다. 당신이 제약되어 있다는 사실과 그것의 위험을 즉각적으로 알 때에만, 낭떠러지임을 알았을 때처럼 당신은 행동하게 된다. 그래서 아는 것은 행동하는 것이다.

우리들 대부분은 부주의하게 삶을 살아가고 우리가 자란 환경에 따라 생각 없이 대응하는데, 그런 대응은 더욱더 많은 굴레와 제약을 낳는다. 하지만 자신의 제약에 전적으로 주의를 기울이는 순간, 우리는 자신이 과거로부터 완전히 자유롭다는 것, 과거가 자연스럽게 우리에게서 떨어져나갔다는 사실을 알게 될 것이다.

세 번째 이야기

삶의 전체성

"마음이 조각나지 않았을 때에만 자신의 전체성을 보게 된다.
이는 완전한 자기 포기를 수반하게 될 것이며,
그러면 공포도, 모순도, 아무런 갈등도 없을 것이다.
이러한 전체성 속에서 보는 것이 진실이다."

자신이 제약되어 있음을 알게 될 때 당신은 자신의 의식을 모두 이해하게 된다. 의식은 사고가 활동하고 관계가 존재하는 완전한 장(場)이다. 그 안에는 모든 동기, 의도, 쾌락, 공포, 영감, 그리움, 희망, 슬픔, 기쁨이 있다. 그러나 우리는 이 의식을 활동적인 것과 휴면 상태에 있는 것, 즉 상부에 있는 것과 하부에 있는 것으로 나누게 되었다. 즉 표면에서 움직이는 매일의 모든 생각, 감정, 활동과 그 밑에 있는 이른바 잠재의식, 말하자면 우리에게 낯설고 때때로 어떤 암시, 직관, 꿈들을 통해 나타나는 것들이다.

우리는 의식의 아주 적은 부분만을 차지하고 있으며 이것이 우리 삶의 거의 전부이다. 그 나머지, 즉 모든 동기, 공포, 인종적이거나 유전적 성질들을 갖고 있는 우리가 잠재의식이라고 부르는 부분은, 우리가 어떻게 그 속으로 들어가야 하는지조차 모르고 있다. 그렇다면 도대체 잠재의식 같은 것이 있기나 한 것일까? 우리는 그 말을 아주 자유롭게 사용한다. 우리는 잠재의식이 있음을 자연스럽게 받아들였고, 점점 더 많은 분석가들과 심리학자들이 그것에 대해 말하고 있다. 그러나 그런 게 있을까? 그리고 왜 우리는 그것에 그런 엄청난 중요성을 부여하는가? 내가 보기에는 그것 역시 의식적 마음과 마찬가지로 보잘것없고 우둔하다. 즉 의식과 마찬가지로 편협하고, 옹졸하고, 제약되어 있고, 불안하며, 천박하다.

그렇다면 한 부분이나 조각이 아니라 의식의 전 영역을 완전히 알 수 있는 방법이 있을까? 만일 그 전체를 알 수 있다면, 당신은 부분적인 주의가 아니라 항상 전적인 주의를 기울이며 기능하고 있는 것이다. 이것은 이해라는 측면에서 매우 중요한데, 왜냐하면 당신의 의식의 전 영역을 완전히 알 때 거기에는 알력이 없기 때문이다. 당신이 의식—이것은 생각, 감정, 행동 모두를 가리킨다—을 각각 다른 수준으로 나눌 때 거기에는 알력이 있다.

우리는 파편들 속에서 살고 있다. 사무실에서는 이런 모습이고 집에서는 저런 모습이다. 입으로는 민주주의를 외쳐도 마음속에는 독재로 가득 차 있다. 이웃 사랑에 관해 말하지만, 경쟁을 해서 그를 죽이곤 한다. 자신 안에 있는 이 파편적 존재를 알고 있는가? 두뇌의 기능과 사고가 파편으로 부서질 수 있을까? 그렇다면 그러한 두뇌로 전 영역을 이해할 수 있을까? 의식 전부를 완전하게 전체적으로 보는 것, 이것은 전적인 인간이 되는 것을 뜻한다. 이것이 가능한 일인가?

'나'의 구조, 자아의 구조를 이해하기 위해 만일 한발 한발 나아가고, 한겹 한겹 벗기면서 모든 생각, 감정, 동기들을 점검한다면, 당신은 분석 과정에 도달하는 데 몇 주일, 몇 달 또는 몇 년이 걸릴 것이다. 그리고 자신을 이해하기 위한 과정에 시간을 들일 때 당신은 모든 형태의 왜곡을 허용해야 하는데, 그 이유는 자아란 끊임없이 온갖 억압과 긴장과 영향을 받으면서 움직이고, 살고, 싸우고, 원하고, 거부하는 복잡한 실체이기 때문이다. 그러므로 위와 같은 방법이 자신을 발견하는 길이 아님을 알게 될 것이다. 즉 스스로를 바라보는 또 하나의 길, 시간이 걸리지 않고 전적으로 그리고 즉각적으로 보는 길밖에 없는 것이다. 그리고 마음이 조각나지 않았을 때에만 당신은 자신의 전체성을 볼 수 있다. 이러한 전체성 속에서 보는 것이 바로 진실이다.

그렇다면 당신은 그것을 할 수 있는가? 대부분의 우리는 그 문제에 아주 진지하게 접근하지 않았기 때문에, 우리 자신을 제대로 관찰한 적이 없기 때문에 그것을 할 수 없다. 사실이다. 우리는 다른 사람들을 비난하며, 사물을 간단히 설명해치우거나 아니면 똑바로 보기를 두려워한다. 그러나 당신이 전체적으로 볼 때 당신은 주의력 · 존재 · 눈 · 귀 · 신경 등과 같은 자신의 모든 것을 주게 될 것이다. 완전한 자기 포기를 수반하게 될 것이며, 그러면 공포의 여지도, 모순의 여지도 없을 것이고 아무런 갈등도 없을 것이다.

주의(attention)는 집중(concentration)과 같은 것이 아니다. 집중은 배제이다. 하지만 주의는 완전히 아는 것을 뜻하며, 아무것도 배제하지 않는다. 우리들 대부분은 우리가 말하는 바에 관해 모를 뿐만 아니라 우리의 주변에 대해서도 잘 알지 못한다. 즉 우리를 둘러싸고 있는 색깔들, 사람들, 나무의 생김새, 구름, 물의 운동에 대해 알지 못한다. 아마도 이것이 우리가 자신에 대해 그렇게 관심을 갖는 이유이자, 우리의 작고 보잘것없는 문제들, 자신의 생각, 쾌락, 추구하는 것과 야심—이것들은 우리가 객관적으로 알지 못하는 것들이다—에 대해 몹시 마음을 쓰는 이유인 것이다. 그럼에도 우리는 앎〔認識〕에 관해 아주 많은 이야기를 한다.

언젠가 인도에서 자동차를 타고 여행하고 있었다. 운전사가 운전을 하고 나는 그 옆에 앉아 있었다. 뒷자리에서는 세 신사가 앎에 대해 열심히 토론하면서 나에게 여러 가지 질문을 했다. 그 순간 불행하게도 운전사가 한눈을 팔다가 양 한 마리를 치었는데, 세 신사는 그것도 모른 채 토론을 계속하고 있었다. 그들은 양 한 마리를 치어죽였다는 것을 전혀 모르고 있었다. 나중에 나는 주의력의 결핍을 지적하면서 그 얘기를 하자 그들은 그랬던가 하면서 크게 놀랐다.

우리들 대부분이 그런 식이다. 외적 사물과 내적 사물에 대해 알지 못한다. 만일 한 마리 새의 아름다움, 파리 한 마리, 나뭇잎 하나 또는 여러 복합적인 요소를 지닌 한 사람을 이해하고 싶다면, 우리의 모든 주의력을—이것이 앎이다—기울이지 않으면 안 된다. 그리고 당신이 관심을 가질 때에만 자신의 모든 주의력을 기울일 수 있는데, 이것은 당신이 참으로 이해하고 싶어한다는 것을 뜻하며 발견하기 위해 당신은 자신의 온 마음을 기울인다.

그러한 앎은 방 안에서 뱀과 더불어 사는 것과 같다. 뱀과 같이 방 안에 살 때 우리는 그것의 모든 움직임을 주시하고, 그것이 내는 극히 작은 소리에도 매우 민감해진다. 그런 주의력의 상태가 바로 '온 힘(total energy)'이다. 그런 앎 속에서 자신의 전체성은 한순간에 드러난다.

자기 자신을 아주 깊이 들여다보았을 때 당신은 더욱더 깊이 들어갈 수 있다. '더 깊이' 라는 말을 쓸 때, 우리는 단지 비교만 하려는 것이 아니다. 우리는 비교하면서 생각한다. 깊고, 얕고, 행복하고, 불행하고 등등에 대해서. 우리는 언제나 저울질하고 비교한다. 그렇다면 사람에게 얕다든가 깊다든가 하는 것 같은 상태가 있을 수 있을까? 내가 "내 마음은 얕고, 작고, 좁고, 제한돼 있다" 라고 말할 때, 어떻게 나는 그런 걸 모두 알 수 있을까? 그것은 내가 더 총명하고, 더 능력 있고, 더 지적이며, 더 기민한 다른 사람의 마음과 내 마음을 비교했기 때문이다. 비교하지 않고 나의 작음을 알 수는 없을까? 배고플 때, 나는 이 배고픔을 어제의 배고픔과 비교하지 않는다. 어제의 배고픔은 하나의 관념이며 기억이다.

만일 내가 항상 다른 사람과 저울질하고 다른 사람처럼 되려고 몸부림친다면, 나는 내가 나 자신임을 거부하고 있는 것이다. 결국 하나의 환영을 만들고 있는 셈이다. 어떤 형태의 비교든지 간에 그것은 더 큰 망상과 더 큰 불행으로 이끌 뿐이라는 점을 이해했을 때(마치 자신을 분석하고 자신에 대한 지식을 조금씩 조금씩 보태거나 나를 나 이외의 어떤 것—그것이 국가든 구세주든 아니면 이데올로기든—과 동일시할 때처럼) 그리고 그러한 모든 과정이 오직 더 큰 순응과 더 큰 갈등을 이끈다는 사실을 알 때, 나는 더 이상 비교하지 않게 된다.

그리고 그렇게 되면 내 마음은 더 이상 무언가를 찾지 않는다. 이것을 이해하는 것은 매우 중요하다. 그래야 내 마음이 더 이상 더듬고, 찾고, 묻지 않게 된다. 이것은 내 마음이 있는 그대로의 사물에 만족한다는 뜻이 아니라, 그런 마음이라야 환영을 갖지 않는다는 뜻이다.

그런 마음은 완전히 다른 차원으로 옮겨갈 수가 있다. 우리가 보통 살고 있는 차원, 즉 괴로운 나날의 삶과 쾌락과 공포는 마음을 제약하고 마음의 본질을 제한하는데, 그러한 고통과 쾌락과 공포가 사라졌을 때—이것은 당신이 더 이상 기쁨을 갖지 않는다는 뜻이 아니다. 기쁨은 쾌락과 완전히 다른 것이다—마음에는 갈등도 없고 주변의 것들과 다르다라는 식의 '다름'에 대한 의식을 갖지 않게 된다.

말로는 이 정도밖에 할 수가 없다. 그 너머에 있는 것은 말로 할 수 없는데, 왜냐하면 말은 사물이 아니기 때문이다. 지금까지 우리는 진술하고 설명할 수 있었지만, 어떤 말이나 설명도 그 문을 열지는 못한다. 문을 열어주는 것은 나날의 삶과 주의력이다. 즉 그것은 우리가 어떻게 말하는지, 무엇을 말하는지, 어떻게 걷는지, 무엇을 생각하는지에 대해 아는 것이다. 그것은 방을 청소하고 정돈해 두는 것과 같다. 방을 정돈하는 것은 어떤 의미에선 중요하지만, 다른 의미에서는 전혀 중요하지 않다.

방은 정돈되어 있겠지만 정돈한다고 해서 문이나 창이 열리지는 않을 것이다. 문을 연다는 것은 당신의 의욕이나 욕망을 뜻하는 것이 아니다. 당신은 분명 다른 사람을 초대할 수 없다. 당신이 할 수 있는 일은 방을 정돈해 두는 것일 따름이며, 이것은 그것 자체로서 미덕이지 그것이 무슨 일을 벌이지는 않는다. 그냥 제정신으로, 이성적으로, 질서 있게 있는 것이다.

혹시 다행스럽게도 창이 열려서 미풍이 들어올지도 모른다. 물론 그렇지 않을 수도 있다. 그것은 당신의 마음 상태에 달려 있다. 그리고 그런 마음 상태는 스스로에 의해서만 이해될 수 있고, 그것을 주시하되 만들려고 하지 않음으로써 편들지 않고 반대하지 않고 동의하지 않고 정당화하지 않고 비난하지 않고 판단하지 않음으로써—이것은 선택하지 않고 주시하는 것을 뜻한다—이해될 수 있다. 그리고 이 선택 없는 앎으로 해서 혹시 문이 열릴지도 모르고 또 갈등도 시간도 없는 그 차원이 어떤 것인지 알게 될지도 모른다.

네 번째 이야기

기쁨과 쾌락 사이

"기쁨은 즉각적인 것인데, 당신이 그것을 생각함으로써 쾌락이 된다.
현재에 산다는 것은 아름다움을 즉각적으로 지각하는 것이며,
그것에서 쾌락을 찾지 않는다면 그것은 커다란 기쁨이 된다."

앞장에서 기쁨이 쾌락과 완전히 다른 것이라고 말했으니만큼, 이제 쾌락 속에 무엇이 들어 있는지 그리고 쾌락은 포함돼 있지 않되 엄청난 기쁨의 느낌과 행복의 느낌을 담고 있는 세계에서 살 수 있는지에 대해 알아보자.

우리는 모두 이런저런 형태의 쾌락을 좇고 있다. 지적 · 감각적 또는 문화적 쾌락, 개선의 쾌락, 다른 사람에게 해야 할 것을 말하고 사회악을 고치고 좋은 일을 하는 쾌락, 더 많은 지식의 쾌락, 더 큰 물질적 만족, 더 많은 체험, 삶에 대한 더 많은 이해, 마음의 여러 똑똑하고 영악한 부분들. 물론 궁극

적인 쾌락은 신(神)을 갖는 것이다.

쾌락은 사회의 구조이다. 어렸을 때부터 죽을 때까지 우리는 은밀하게, 교묘하게 또는 드러내놓고 쾌락을 좇는다. 그러므로 쾌락 형태가 어떤 것이든 간에 그것이 우리를 이끌고 우리의 삶을 만드는 것이기 때문에, 우리는 그것에 대해서 아주 명징(明澄)하지 않으면 안 된다. 따라서 이 쾌락의 문제를 면밀히, 조심스럽게, 섬세하게 탐구하는 일은 우리 각자에게 매우 중요한데, 왜냐하면 쾌락을 찾고 키우고 지속하는 일은 삶의 기본적인 욕구이며, 쾌락 없는 실존은 지루하고 우둔하고 외롭고 의미 없는 것이 되기 때문이다.

그렇다면 왜 삶이 쾌락에 이끌려서는 안 되느냐고 물을지도 모른다. 그것은 쾌락이 반드시 고통, 좌절, 슬픔과 공포를 가져오고 공포는 폭력을 낳는다는 아주 단순한 이유 때문이다. 만일 당신이 그렇게 살고 싶으면 그렇게 살라. 대부분의 사람들이 그렇게 살고 있기는 하지만, 당신이 슬픔에서 해방되기를 원한다면 당신은 반드시 쾌락의 전체 구조를 이해해야만 한다.

쾌락을 이해하는 것은 그것을 거부하는 것이 아니다. 우리는 쾌락을 비난하지 않고 나쁘다거나 좋다고 말하지 않지만, 우리가 그것을 추구한다면 눈을 뜨고 그렇게 하자는 것이다. 즉 쾌락을 추구하는 마음은 반드시 그것의 그림자인 고통을 겪어야만 한다는 점을 알면서 추구하자는 얘기다. 우리가 아무리 쾌락을 좇고 고통을 피하려 한다고 해도, 그 둘은 떨어질래야 떨어질 수가 없다.

그러면 왜 마음은 항상 쾌락을 요구하는가? 왜 우리는 쾌락과 함께 일을 하는가? 왜 우리는 쾌락의 가는 끈에 매달려 희생하거나 괴로워하는가? 쾌락이란 무엇이며 그것은 어떻게 해서 존재 속에 자리를 잡는가? 우리 중에 스스로 이 문제들을 묻고 끝까지 대답을 찾아보려고 한 사람이 있는가?

쾌락은 지각, 감각, 접촉, 욕망이라는 네 단계를 거쳐 존재 속으로 들어오게 된다. 가령 멋있는 자동차를 봤다고 하자. 그러면 나는 그것을 보는 것에서 어떤 감각, 어떤 반응을 얻는다. 그래서 그것을 만져 보거나 만지는 상상을 하게 된다. 그리고 그 결과 그것을 갖고 싶고, 타고 자랑하고 싶은 욕망이 생긴다.

또 예쁜 구름, 하늘 높이 맑게 솟은 산, 봄에 방금 눈튼 잎, 아름다움과 웅장한 빛으로 가득 차 있는 계곡, 장엄한 황혼 또는 아름다운 얼굴—총명하고 생기 있으며 스스로를 의식하지 않는, 그래서 더 이상 아름다울 수 없는 얼굴—을 본다고 하자. 나는 강렬한 기쁨을 가지고 그것들을 바라보며, 내가 그것들을 바라볼 때 거기에는 관찰자가 없고 오직 사랑과

도 같은 순수한 아름다움만이 있다. 잠깐 동안 나는 모든 문제, 불안, 불평을 잊는다. 거기엔 오직 놀라움만이 있을 뿐이다. 나는 기쁨으로써 그걸 볼 수 있고 다음 순간 그것을 잊어버린다.

하지만 그렇지 않을 때 마음이 찾아들어와 문제가 생기기 시작한다. 즉 내 마음은 본 것에 대해 거듭 생각하고 그것이 얼마나 아름다웠던가를 생각한다. 그리고 그걸 자꾸 보아야겠다고 혼자 생각한다. 생각은 비교하고 판단하기 시작하며 "내일 다시 그걸 해야지"라고 말한다. 잠깐 동안 기쁨을 주었던 체험의 연속은 생각에 의해 계속된다.

그것은 성욕이나 또 다른 형태의 욕망에서도 마찬가지다. 반응하는 것은 지극히 정상적이다. 누군가 내 몸에 핀을 꽂으면 마비되어 있지 않는 한 나는 반응할 것이다. 그러나 생각은 그 즐거움을 되씹어 보며 그것을 쾌락으로 만든다. 생각은 그 체험을 되풀이하고자 하며, 그래서 되풀이하면 할수록 그것은 더욱더 기계적으로 변한다. 그것에 관해 생각하면 할수록 생각은 쾌락을 부추긴다. 그러므로 생각은 욕망을 통해서 쾌락을 만들어내고 유지하며, 그 결과 어떤 아름다운 것에 대한 자연스런 반응은 생각에 의해 뒤틀리게 된다. 생각은 그것을 기억으로 만들며, 그 기억을 되풀이 생각함으로써 기억은 또다시 키워진다. 물론 기억은 어느 정도 자리를 차지하고 있다. 나날의 삶에서 기억 없이는 우리는 제구실을 다 할 수가 없다. 기억이 자신의 자리에서는 쓸모가 있지만, 그것이 거의 필요없는 마음의 상태가 있다. 마음이 기억에 의해 불구가 되지 않아야만 진정한 자유를 누릴 수 있다.

당신이 어떤 것에 대해서 전적으로, 온 마음을 다해 반응할 때, 거기엔 기억이 별로 없다는 사실을 눈여겨본 적이 있는가? 어떤 도전에 대해 당신이 전 존재로서 반응하지 않을 때에만 갈등과 싸움이 있으며 또 이것은 혼란과 쾌락이나 고통을 가져온다. 그리고 그 싸움은 기억을 키워나간다. 그 기억은 줄곧 다른 기억들에 의해 불어나고, 그 기억들은 반응을 하게 된다. 그리고 기억의 결과는 언제나 낡은 것이고 따라서 자유롭지 못하다. 생각의 자유 같은 것은 없다. 그것은 순전히 난센스이다.

생각은 결코 새롭지 않다. 왜냐하면 생각은 기억, 체험, 지식에 대한 반응이기 때문이다. 생각은 낡은 것이기 때문에, 당신이 즐거움을 가지고 보고 잠깐 동안 엄청나게 느꼈던 것을 낡은 것으로 만든다. 당신은 낡은 것에서 쾌락을 끌어내지, 결코 새로운 것에서 끌어내지 않는다. 새로운 것 속에는 시간이란 없다.

당신이 만일 기어들어오는 쾌락을 허용하지 않으면서 모든 것을 볼 수 있다면—가령 어떤 얼굴, 새, 옷, 색깔, 햇빛에 반짝이는 수면(水面)의 아름다움 또는 즐거움을 주는 어떤 것을 그렇게 바라볼 수만 있다면—만일 당신이 그 체험이 반복되기를 바라지 않으면서 그것을 볼 수 있다면, 아무런 고통도 공포도 없을 것이며 따라서 엄청난 기쁨을 얻을 수 있을 것이다.

쾌락을 되풀이하고 영속화시키려고 발버둥치면 칠수록 쾌락은 고통으로 변한다. 자신 안에서 그것을 관찰해 보라. 쾌락을 반복하고자 하는 바로 그 요구가 고통을 가져오는데, 그 이유는 그 쾌락이 어제의 그것과 같지 않기 때문이다. 당신은 자신의 심미감(審美感)뿐만 아니라 마음의 동일한 내적 성질에서도 똑같은 즐거움을 얻으려고 발버둥치지만, 더 이상 똑같을 수 없기 때문에 당신은 마음이 상하고 실망하게 된다.

쾌락이 사라졌을 때 당신에게 무슨 일이 일어나는지 관찰해 본 적이 있는가? 자신이 원하는 것을 얻지 못할 때 당신은 불안하고, 질투에 휩싸이고, 증오로 가득 찬다. 당신에게서 술이나 담배 또는 성이나 그 밖의 어떤 쾌락이 사라졌을 때 자신을 자세히 지켜본 적이 있는가? 당신이 어떤 전장(戰場)을 통과하는지 눈여겨본 일이 있는가? 그것은 모두 같은 형태의 공포이다. 그렇지 않은가? 당신은 자신이 원하는 것을 얻지 못할까 봐 또는 갖고 있는 것을 잃을까 봐 두려워하는 것이다.

오랫동안 지녀오던 어떤 신앙이나 이데올로기가 논리나 삶에 의해 흔들리거나 자신에게서 떨어져나갈 때, 당신은 혼자서 있는 것이 두렵지 않은가? 그 신념은 여러 해 동안 당신에게 만족과 쾌락을 주었기 때문에, 그것이 떨어져나갔을 때 당신은 궁지에 빠지고, 공허한 채로 남겨지며 그 공포는 당신이 다른 형태의 쾌락과 신념을 찾을 때까지 그대로 남아 있게 된다.

나에게는 그것이 아주 간단명료해 보인다. 하지만 그것이 그렇게 간단명료하기 때문에 우리는 그것의 간단명료함을 보려고 하지 않는다. 우리는 모든 것을 복잡하게 만들기를 좋아한다. 아내가 당신을 외면할 때, 당신은 질투가 나지 않는가? 화나지 않는가? 그녀를 매혹한 그 남자가 밉지 않은가? 그리고 당신에게 커다란 쾌락과 친밀한 사귐, 소유의 확인과 만족이라고 할 만한 것을 주었던 것이 실은 뭔가 잃는 것에 대한 두려움이 아니고 무엇이겠는가?

만약 쾌락을 추구하면 반드시 고통이 따른다는 사실을 알고 있는데도 불구하고 스스로 쾌락을 원한다면, 그런 식으로 살기는 하되 빠져들지는 말라. 만일 쾌락이 끝나기를 바란다면—비록 이것은 고통의 끝이기도 하지만—당신은 쾌락의 전 구조에 대해 주의를 기울여야 한다. 말하자면 승려나 고행자처럼 그것을 끊지 말고, 다시 말해 그것이 죄라고 생각하여 여자를 쳐다보지 않음으로써 이해의 활력을 파괴할 게 아니라 쾌락의 전 의미를 알아야 한다. 그러면 삶 속에서 엄청난 기쁨을 갖게 될 것이다. 당신은 기쁨에 관해 생각할 수 없다. 기쁨은 즉각적인 것인데, 당신이 그것을 생각함으로써 쾌락이 된다. 현재에 산다는 것은 아름다움을 즉각적으로 지각하는 것이며, 그것에서 쾌락을 찾지 않는다면 커다란 기쁨이 된다.

다섯 번째 이야기

공포로부터의 자유

"당신이 공포와 동떨어져 있는 게 아니라 그것의 일부임을 알 때,
당신은 공포에 관해 아무것도 할 수가 없다.
그리하여 공포는 완전히 사라지게 된다."

먼저 나는 삶에서 당신의 기본적이고 영속적인 관심은 무엇이냐고 묻고 싶다. 애매한 대답은 옆으로 제쳐놓고 이 문제에 대해 똑바로 솔직하게 털어놓는다면, 당신은 뭐라고 대답하겠는가? 당신은 그 답을 알고 있는가? 혹시 그것은 당신 자신 아닌가? 진실하게 대답한다면, 대개는 자기 자신이라고 대답할 것이다. 나는 나의 발전, 나의 직업, 나의 가족, 내가 사는 작은 구석, 더 나은 자리를 얻는 것, 더 큰 명망, 더 강한 권력, 다른 사람들에 대한 더 많은 지배 등에 관심이 있다. 이것이 대부분의 우리가 우선적으로 갖고 있는 관심임을 스스

로 받아들이는 것이 논리적일 것이다. '내'가 우선 아닌가?

어떤 사람들은 자신에게 우선적으로 관심을 갖는 것이 그릇된 일이라고 말할지도 모른다. 그러나 우리가 그것을 진심으로 솔직하게 인정하는 일이 거의 드물다는 사실을 제외하면 그것이 무슨 잘못인가? 하지만 우리는 오히려 그것을 솔직히 인정하는 것을 부끄러워한다. 누구나 자기 자신에 대해 우선적으로 관심을 갖지만, 여러 이념적 · 전통적 이유 때문에 그것이 나쁘다고 생각한다. 그러나 그것은 잘못된 생각이다. 왜 그것이 나쁘다고 생각하는가? 그것은 하나의 관념이요, 개념이다. 우리가 근본적으로 그리고 영속적으로 자기 자신에게 관심을 갖고 있다는 것은 엄연한 사실이다.

당신은 아마 자신에 관해 생각하는 것보다 남을 돕는 것이 더 만족스럽다고 말할지도 모른다. 차이가 무엇인가? 그것은 여전히 자기 염려다. 만일 남을 돕는 것이 더 큰 만족감을 준다면, 당신은 자신에게 만족감을 주는 것에 대해 관심을 갖고 있는 것이다. 왜 이념적 개념을 그 속에 끌어들이는가? 왜 두 가지 생각을 하는가? 왜 "내가 정말 원하는 것은 만족이다. 그것이 성적인 것이든 남을 돕는 것이든 아니면 성자나 과학자 또는 정치가가 되는 것이든지 간에"라고 말하지 못하는가? 그것은 결국 같은 것이 아닌가? 우리가 원하는 것은 분명한 여러 가지 방법을 통해 만족을 얻는 것이다. 우리가 자유를 원한다고 말할 때 우리가 그것을 원하는 이유는 그것이 아주 대단하게 만족시켜 주리라고 생각하기 때문이며, 당연히 궁극적으로 원하는 만족은 자기 실현이라는 개인 특유의 관념이다. 우리가 정말 찾고 있는 것은 불만족이 전혀 없는 만족인 것이다.

우리는 아무것도 아닌 사람이 되는 것을 두려워하기 때문에 사회 속에서 어떤 지위를 갖고 싶어한다. 사회란 원래 그렇게 만들어졌기 때문에, 존경할 만한 지위에 있는 사람은 아주 정중하게 대접받고 반면에 아무 지위도 없는 사람은 천대받는다. 세상 사람은 누구나 사회에서든 가정에서든 어떤 지위를 원하고 또는 신(神)의 오른팔 위에 앉기를 바란다. 그리고 이 지위라는 것은 다른 사람들에게 인정을 받아야 하는데, 그렇지 않으면 그건 아무 지위도 아니기 때문이다. 우리는 언제나 단상에 앉지 않으면 안 된다. 사실 우리는 불행과 비참의 소용돌이 속에 살고 있기 때문에, 겉으로 보기에 대단한 인물로 여겨지는 것은 매우 만족스러운 일이다. 지위 · 위세 · 권력을 얻으려는 갈망, 사회로부터 뛰어난 존재로 인정받고 싶어하는 갈망은 다른 사람들을 지배하고 싶은 바람이며, 이 지배에 대한 욕구는 공격의 한 형태다. 자기의 성자다움에 비추어 어떤 지위를 찾는 성자는, 농가의 마당에서 부리로 모이를 쪼고 있는 닭처럼 매우 공격적이다. 그러면 이 공격성의 원인은 무엇인가? 그것은 바로 공포다. 그렇지 않은가?

공포는 삶에서 가장 커다란 문제 가운데 하나다. 공포에 사로잡힌 마음은 혼란 속에, 갈등 속에 살며, 따라서 난폭하고 뒤틀리고 공격적이다. 그것은 그것 자체의 사고의 틀에서 벗어나려고 하지 않으며, 위선을 키운다. 공포에서 자유롭지 않는 한, 가장 높은 산에 올라가고 모든 종류의 신을 만들어내는 일에서 자유롭지 않는 한, 우리는 언제나 어둠 속에 있게 될 것이다.

지금처럼 두려움을 낳는 경쟁적 교육을 받으며 부패하고 우매한 사회에서 살 때 우리는 어떤 공포에 눌리게 되는데, 이러한 공포는 우리의 나날을 비뚤어지고 뒤틀리고 무디게 만드는 무서운 것이다.

육체적 공포가 있지만, 그것은 우리가 동물들로부터 물려받은 반응이다. 하지만 우리가 여기서 생각하고자 하는 것은 심리적 공포다. 뿌리깊은 심리적 공포를 이해하면 동물적 공포와 맞설 수 있는 데 비해, 동물적 공포를 먼저 생각하는 것은 심리적 공포를 이해하는 데 아무런 도움도 되지 않기 때문이다.

우리는 모두 어떤 것에 관해 두려워한다. 추상적인 공포란 없으며, 공포는 언제나 그 대상을 가지고 있다. 당신은 자신이 무엇에 대해 공포를 갖고 있는지 알고 있는가? 직업을 잃는 것에 대한 공포, 충분한 음식과 돈을 갖지 못하는 것에 대한 공포, 이웃과 대중이 당신에 관해 어떻게 생각하고 있을까, 성공 못하면 어쩌나, 사회에서의 지위를 잃으면 어쩌나, 조롱당하고 경멸당하면 어쩌나, 고통과 병에 대한 공포, 지배에 대한 공포, 사랑이 무언지 모르거나 사랑받지 못하는 것에 대한 공포, 아내나 아이들을 잃는 것에 대한 공포 그리고 그 밖의 수많은 공포들. 당신은 자신만이 갖고 있는 공포를 알고 있는가? 그리고 그 공포를 대개 어떻게 대면하는가? 그것으로부터 도망치거나 그것을 은폐하기 위한 관념이나 이미지를 만들어내지는 않는가? 그러나 공포로부터 도피하는 것은 공포를 증대시킬 따름이다.

공포의 주요 원인 가운데 하나는 우리가 있는 그대로의 자신과 직면하기를 원치 않는 데 있다. 그래서 우리는 공포 자체뿐만 아니라 우리가 공포를 없애기 위해 발전시켜 온 도피의 네트워크를 점검하지 않으면 안 된다. 만일 마음이—여기에는 두뇌도 포함되는데—공포를 극복하려 하고 억누르려 하고 길들이려 하고 통제하려 하고 다른 어떤 개념들로 해석하려 한다면, 거기엔 알력이 있고 갈등이 있게 되며 이러한 갈등은 정력 낭비일 뿐이다.

그래서 우리가 먼저 물어야 할 것은 공포란 무엇이며 어떻게 생겨나는가 하는 것이다. 우리가 공포라는 말로 무엇을 말하고자 하는가? 나는 스스로 공포가 무엇인지를 묻고 있는 것이지, 내가 두려워하고 있는 것이 무엇인지를 묻고 있는 게 아니다.

나는 어떤 삶을 영위해 가고 있다. 어떤 틀 속에서 생각하고 어떤 믿음과 도그마를 갖고 있으며 그 속에 내 뿌리를 갖고 있기 때문에 그 실존의 패턴이 방해받는 것을 원치 않는다. 방해받고 싶지 않은 이유는 그 방해로 인해 뭐가 뭔지 잘 모르는 상태에 이를 수 있고 또 나는 그것을 좋아하지 않기 때문이다. 만일 내가 알고 있거나 믿고 있는 모든 것들로부터 떼내어진다면, 나는 내가 향해서 가고 있는 사물의 상태를 상당히 확실한 것으로 믿고 싶어할 것이다. 그래서 뇌세포들은 어떤 양식을 만들어내며, 불확실할지도 모르는 다른 양식 만들기를 거부하는 것이다. 내가 말하는 공포란 확실한 것에서 불확실한 것으로의 이동이다.

지금 이 순간 나는 두려워하지 않는다. 나는 현재 속에서 두려워하지 않으며, 아무 일도 나에게 일어나지 않고 있다. 아무도 나를 위협하지 않으며 나에게서 뭔가를 빼앗아가지도 않는다. 그러나 지금 이 순간 저 너머 마음의 심층에서는 의식적이거나 무의식적으로 장차 일어날 일에 대해 생각하고 있고 또 과거의 어떤 것이 나를 집어삼키지 않을까 걱정하고 있다. 그렇게 나는 과거와 미래를 두려워하는 것이다. 나는 시간을 과거와 미래로 나누어 놓았다. 자꾸만 이런 생각이 든다.

"그런 일이 다시 일어나지 않도록 조심해."

"장래를 위해 준비해. 미래는 너에게 위험할지도 몰라. 너는 지금 뭔가를 가졌지만 그걸 잃을 수도 있어. 너는 내일 죽을지도 모르고, 마누라가 도망갈지도 모르며, 직업을 잃을지도 몰라. 너는 유명해지지 않을지도 몰라. 너는 외로울지도 몰라. 너는 확실한 미래를 바라고 있어."

자, 이제 자신만의 독특한 공포를 생각해 보라. 그리고 그것을 바라보라. 그것에 대한 당신의 반응을 관찰하라. 당신은 도피하려고 하지도 않고 정당화, 비난, 억압도 받지 않은 상태에서 그것을 바라볼 수 있는가? 당신은 그 공포를 일으키는 말을 하지 않은 채 그것을 바라볼 수 있는가? 예컨대 죽음의 공포를 일으키는 말 없이 죽음을 바라볼 수 있는가? 사랑이라는 말이 그것 자체의 떨림, 그것 자체의 이미지를 갖고 있듯이 말 자체는 어떤 떨림을 가져온다. 그렇지 않은가? 당신이 죽음에 관해 마음속에 갖고 있는 이미지, 당신이 본 수많은 죽음의 기억, 그리고 그 사건과 당신과의 연관, 그렇다면 공포를 낳는 것은 이미지가 아닌가? 당신은 종말을 낳는 이미지를 두려워하는 것인가, 아니면 종말에 이르는 것을 두려워하는 것인가? 죽음이라는 말이 당신의 공포의 원인인가 아니면 실제의 종말이 원인인가? 만일 당신의 공포가 말이나 기억 때문이라면 그것은 전혀 공포가 아니다.

한 예를 들어보자. 당신은 2년 전에 병을 앓았고 그 병의 고통이 기억으로 남아 있어서 그 기억은 늘 이렇게 말한다.

"조심해. 다시는 앓지 않도록."

그래서 기억은 그 연상(聯想)들과 함께 공포를 낳는다. 그러나 이것은 전혀 공포가 아니다. 왜냐하면 그 순간의 당신은 건강하기 때문이다. 생각이—생각이란 언제나 낡은 것인데, 그 이유는 생각은 기억의 반응이고 기억은 언제나 낡은 것이기 때문이다—시간 속에서 실제가 아닌 사실에 대해 두려움을 갖게 하기 때문이다. 실제 사실은 당신이 건강하다는 것이다. 그러나 기억으로 마음에 남아 있는 체험이 "조심해, 다시는 병에 걸리지 않도록"이라는 생각을 떠오르게 한다.

그래서 우리는 생각이 어떤 한 가지 종류의 공포를 낳는다는 것을 알고 있다. 그러나 생각과 관련없는 공포가 있을까? 공포가 언제나 생각의 결과라면 어떤 다른 형태의 공포가 있을까? 우리는 죽음을 두려워한다. 즉 시간 속에서, 내일이나 모레 일어날 어떤 사실을 두려워한다. 지금 있는 것과 앞으로 있을 것 사이에는 거리가 있다. 그런데 생각은 그 상태를 체험했다. 즉 죽음을 관찰함으로써 생각은 "나는 곧 죽을 것이다"라고 말한다. 생각이 죽음에 대한 공포를 낳는 것이다. 만일 그렇지 않다면 도대체 어떤 공포가 있을까?

공포는 생각의 결과인가? 만일 그렇다면, 생각이란 언제나 옛것이기 때문에 공포도 언제나 옛것이다. 이미 말했듯이 새로운 생각이란 없다. 새롭다는 걸 알면, 그건 이미 옛것이다. 그러므로 우리가 두려워하는 것은 낡은 것의 되풀이일 뿐이다. 즉 미래 속으로 투사했던 생각을 두려워하는 것이다. 따라서 생각은 공포에 대한 책임이 있다. 그래서 당신은 스스로 그것을 알 수 있다. 당신이 어떤 것을 즉각적으로 대할 때 거기엔 아무런 공포도 없다.

그러므로 이제 우리가 알고자 하는 것은 마음이 완전히, 전적으로 현재에 살 수 있는가 하는 점이다. 그것은 공포가 없는 마음에게만 가능하다. 그러나 이것을 이해하려면 사고, 기억, 시간의 구조를 알아야 한다. 그리고 그것을 이해하는 데 있어서 머리로만, 말로만 이해하지 않고 가슴으로, 마음으로, 진심으로 이해할 때 공포로부터 자유로워질 것이다. 그렇게 되면 비로소 마음은 공포를 낳지 않고 생각을 사용할 수 있게 된다.

물론 생각은 기억과 마찬가지로 나날의 삶에 필요하다. 하지만 그것은 우리가 의사소통을 하거나 직업을 수행하는 등의 일을 하기 위한 도구일 따름이다. 생각은 기억에 대한 반응으로, 기억은 체험, 지식, 전통, 시간을 통해 쌓여온 것이다. 그리고 이와 같은 기억의 배경으로부터 우리는 대응하며 이 대응이 바로 생각이다. 그러므로 생각은 어떤 수준에서는 반드시 필요한 것이지만, 생각이 쾌락뿐만 아니라 공포를 낳으면서 심리적으로 미래와 과거로 투영될 때, 마음은 무뎌지며 나태해질 수밖에 없다.

그래서 나는 스스로 묻는다.

"왜, 왜, 왜, 나는 그러한 생각이 공포를 낳는지 알면서, 쾌락과 고통에 의거해 미래와 과거에 관해 생각하는가? 공포를 없애기 위해 심리적으로 생각을 중단할 수는 없는가?"

생각의 기능 가운데 하나는 항상 무엇으로 점유되어 있다는 것이다. 대부분의 우리는 우리의 마음이 계속 점유되어 있기를 바라며 그럼으로써 스스로를 있는 그대로 보지 않으려고 한다. 우리는 비어 있는 것을 두려워하고, 우리의 공포를 보는 것을 두려워한다.

머릿속으로는 자신의 공포들에 대해 알고 있을지도 모르지만, 마음의 좀더 깊은 곳에서 당신은 그것들을 알고 있는가? 그리고 당신은 숨겨져 있는 은밀한 공포들을 어떻게 찾아낼 것인가? 공포란 의식적인 것과 잠재의식적인 것으로 나뉘는

우리가 두려워하는 것은 생각이라는 낡은 것일 뿐이다.

가? 이것은 매우 중요한 질문이다. 전문가, 심리학자, 분석가들은 공포를 심층적인 것과 표면적인 것으로 나눈다. 그러나 당신이 심리학자의 말이나 나의 말을 따른다면, 당신은 우리의 이론, 우리의 도그마, 우리의 지식을 이해하는 것이지, 자기 자신을 이해하는 것이 아니다. 당신은 자기 자신을 프로이트나 융 또는 나를 통해 이해할 수 없다. 다른 사람들의 이론은 전혀 중요하지 않다. 자기 자신에게 물어보아야 한다. 공포는 의식적인 것과 무의식적인 것으로 나뉘는가? 당신은 하나의 공포를 다른 형태들로 바꾸어 이해하고 있는 것인가? 욕망에는 오직 하나의 욕망만이 있을 뿐이다. 당신은 무엇인가를 욕망하고 있다. 욕망의 대상은 바뀌지만 욕망은 언제나 똑같다. 공포 역시 마찬가지다. 오직 공포만이 있을 뿐이다. 당신은 여러 가지 일들을 두려워하지만 오직 하나의 공포만이 있을 뿐이다.

공포가 나뉠 수 없음을 깨닫게 되었을 때, 당신은 이 무의식의 문제를 물리쳤고 심리학자와 분석가들을 용케 벗어났음을 알게 될 것이다. 공포란 여러 가지 방식으로 스스로를 표현하는 단일한 움직임임을 이해할 때, 그리고 당신이 그 움직임이 지향하는 대상이 아닌 그 움직임 자체를 알게 되었을 때, 당신은 다음과 같은 엄청난 질문에 부딪힌다. 우리 마음이 그동안 해온 단편화 과정 없이 어떻게 그것을 볼 수 있을까? 다시 말해 단편적으로 생각하는 마음이 어떻게 그 전일(全一)한 그림을 볼 수 있는가? 그럴 수 있을까?

하지만 우리는 단편화된 삶을 살아왔으며, 생각의 단편적인 과정을 통해서만 그 전일한 공포를 볼 수 있다. 사고의 전 과정은 모든 것을 조각으로 깨뜨린다. 나는 당신을 사랑하고 나는 당신을 미워한다, 당신은 나의 적이며 당신은 나의 친구이다, 나의 독특한 특성들과 의향들, 나의 직업, 지위, 특권, 아내, 아이, 내 나라와 당신의 나라, 나의 신과 당신의 신, 이 모든 게 사고의 단편화이다. 그리고 이 생각이 공포의 전체 상태를 보거나 보려고 하며 그것을 단편들로 환원한다. 그리하여 생각의 움직임이 없을 때에만 마음이 이 전일한 공포를 볼 수 있다는 것을 우리는 안다.

당신은 아무런 결론 없이, 당신이 공포에 관해 축적해 온 지식의 간섭 없이 공포를 볼 수 있는가? 만일 그럴 수 없다면 당신이 보고 있는 것은 과거이지 공포가 아니다. 만일 그럴 수 있다면 당신은 처음으로 과거의 간섭 없이 공포를 보고 있는 것이다. 마치 당신의 마음이 문제와 불안에 관해 속으로 혼잣말을 하거나 지껄이지 않아야 다른 사람의 말을 들을 수 있듯이, 마음이 아주 고요할 때에만 당신은 볼 수 있다. 마찬가지로 당신은 공포를 해소하려 하지 않고, 그리고 공포의 반대인 용기를 끌어들이지 않고 자신의 공포를 볼 수 있는가? 당신이 "나는 그걸 제어해야 해, 나는 그것을 없애야 해, 나는 그걸 이해해야 해"라고 말한다면, 당신은 그것으로부터 도피하려 하고 있는 것이다.

당신은 구름, 나무 또는 강의 움직임들을—이것들이 당신에게 그다지 중요하지 않기 때문에—아주 조용한 마음으로 바라볼 수 있지만, 자신을 바라보는 일은 그 요구들이 아주 실질적이고 그 반응이 아주 빠르기 때문에 한결 어렵다. 그렇다면 당신이 공포, 절망, 고독이나 질투 또는 마음의 다른 어떤 추한 상태를 정면으로 대면할 때, 당신은 그것을 완전히 볼 수 있는가?

마음은 공포의 다른 형태들이 아닌 공포 그 자체를 지각할 수 있을까? 다시 말해 당신이 두려워하는 것들이 아니라 순수한 공포를 지각할 수 있을까? 만일 당신이 공포의 세부사항들만을 보거나 당신의 공포들을 하나씩 하나씩 다루려고만 한다면, 당신은 우리의 중심 문제, 즉 공포와 더불어 사는 것을 배우는 문제와 만나지 못할 것이다.

공포 같은 살아 있는 것과 함께 살기 위해서는 매우 민감하고 섬세한 마음과 가슴, 그리고 아무 결론을 갖고 있지 않음으로써 공포의 모든 움직임을 좇을 수 있는 마음이 필요하다.

그래서 만일 당신이 공포를 관찰하고 그것과 함께 산다면—공포의 전 구조를 아는 데 하루 종일이 걸리는 게 아니라 1초 또는 1분쯤 걸린다고 할 수 있다—그리고 만일 당신이 공포와 너무도 완벽하게 살고 있다면 다음과 같은 질문을 반드시 하게 된다.

"공포와 함께 사는 그 실체는 누구인가? 공포를 관찰하고, 공포의 주요 사실에 대해 알고 있을 뿐만 아니라 공포의 여러 형태의 움직임을 보는 자는 누구인가? 관찰자는 자신에 관한 많은 지식과 정보를 축적한 죽은 실체, 정적인 존재인가? 그리고 공포의 움직임을 관찰하고 그것과 더불어 살고 있는 자는 바로 그 죽은 자인가? 관찰자는 과거의 것인가 아니면 살아 있는 것인가?"

당신은 어떻게 대답하겠는가? 나에게 대답하지 말고 당신 자신에게 대답하라. 관찰자인 당신은 살아 있는 것을 보고 있는 죽은 자인가 아니면 당신은 살아 있는 것을 보고 있는 살아 있는 자인가? 왜냐하면 관찰자 속에는 그 두 가지 상태 모두 존재하기 때문이다.

관찰자는 공포를 원치 않는 검열관이다. 즉 관찰자는 공포에 관한 경험의 총체이다. 그러므로 관찰자는 그가 공포라고 부르는 것과 분리돼 있다. 그 둘 사이에는 공간이 존재한다. 그래서 관찰자는 끝없이 그것을 극복하려 하거나 그것으로부터 도피하려 하며, 그리하여 관찰자와 공포 사이에 끊임없는 싸움이 있다. 너무나 정력 낭비인 싸움이.

관찰할 때 당신은 관찰자가 아무런 타당성도 알맹이도 없는 관념과 기억의 뭉치에 지나지 않음을 알며, 한편 공포는 현실적인 것이라는 것 그리고 당신은 추상(抽象)으로써 어떤 사실을 이해하려 한다는 것—물론 이것은 불가능한 일이다—을 안다. 그러나 "나는 두렵다"라고 말하는 관찰자는 공포인 관찰물과 사실상 무엇이 다른가? 관찰자가 공포이며 이러한 사실을 깨달았을 때, 공포를 제거하기 위해 노력하는 데에 더 이상 에너지 낭비하지 않게 되고 또 관찰자와 관찰물 사이에 있는 시공(時空)의 간격이 사라진다. 당신이 공포와 동떨어져 있는 게 아니라 그것의 일부임을 알 때—즉 당신이 공포임을 알 때—당신은 공포에 관해 아무것도 할 수가 없다. 그리하여 공포는 완전히 사라지게 된다.

여섯 번째 이야기

폭력으로부터의 자유

"해본다는 것은 없으며, 최선을 다한다는 것도 없다.
하거나 안 하거나 둘 중에 하나다.
집이 불타고 있는데 당신은 뜸을 들이고 있다.
전세계와 자신 안의 폭력 때문에 집이 불타고 있는데
당신은 물을 나르는 사람의 머리카락 색깔에 관해 말하겠는가?"

공포, 쾌락, 슬픔, 생각, 폭력은 서로 연관되어 있다. 우리는 대부분 폭력, 누군가에 대한 미움, 어떤 특별한 인종이나 집단에 대한 증오, 다른 사람들에 대한 적대감 등에서 쾌락을 얻는다. 그러나 모든 폭력이 사라진 마음속에는 갈등, 증오, 공포가 포함된 폭력의 쾌락과는 아주 다른 기쁨이 있다.

우리는 폭력의 뿌리를 파헤쳐 그것에서 자유로울 수 있을까? 그렇지 않으면 우리는 영원히 서로 싸우게 될 것이다. 만일 그것이 당신이 살고자 하는 방식이라면—그리고 분명히 거의 대부분의 사람이 그렇게 살고 있다—그렇게 살아라. 만일 당신이 "유감스럽게도 폭력은 결코 끝나지 않는다"라고 말한다면, 당신과 나는 더 이상 대화를 나눌 수 있는 길이 없으며 당신은 스스로를 폐쇄한 것이다. 그러나 만일 당신이 삶의 다른 방법이 있을 수 있다고 말한다면, 우리는 서로 얘기할 수 있을 것이다.

그러면 우리 안에 있는 모든 형태의 폭력이 완전히 없어질 수 있는지 그리고 이 괴물스럽게 잔인한 세계에서 계속 살아갈 수 있을지를 같이 생각해 보자. 나는 가능하다고 생각한다. 나는 내 안에 증오, 질투, 불안 또는 공포의 숨결을 갖고 싶지 않다. 이것은 내가 죽고 싶다는 뜻이 아니다. 충만하고, 풍요롭고, 아름다운 지구에서 살고 싶다. 나무, 꽃, 강, 초원, 여인, 아이들을 보고 싶으며 동시에 나 자신과 세계와 더불어 평화롭게 살고 싶다. 그렇다면 나는 무엇을 할 수 있는가?

만일 우리가 폭력 즉, 전쟁, 강탈, 국가적 적대와 계층간의 갈등 등 사회의 외적 폭력뿐만 아니라 우리 안에 있는 폭력을 볼 수 있다면, 우리는 그것을 뛰어넘을 수 있을 것이다.

아주 복잡한 문제가 있다. 수세기 동안 인간은 폭력적이었다. 세계 곳곳에서 종교가 그것을 길들이려고 했으나 어떤 종교도 성공하지 못했다. 그러므로 우리가 그 문제를 따져보려면, 그것에 대해 아주 진지하게 생각해 봐야 할 것 같다. 왜냐하면 그것은 우리를 아주 다른 영역으로 안내할 것이기 때문이다. 그러나 만일 우리가 다만 지적 여흥을 위해 그 문제를 가지고 논다면 우리는 별 성과를 얻지 못할 것이다.

당신은 그 문제에 관해 스스로 매우 진지하다고 느낄지도 모르지만, 세상의 다른 많은 사람들이 그 문제에 대해 진지하게 생각하지 않고 어떤 일을 할 준비도 되어 있지 않다면 당신이 뭔가 하는 것이 무슨 소용이 있겠는가? 나는 그들이 그것을 진지하게 다루느냐 않느냐에 대해서는 염려하지 않는다. 나는 그것을 진지하게 취급하기 때문에 그것으로 족하다. 나는 내 형제를 지키는 사람이 아니다. 한 인간으로서 나는 이 폭력 문제를 매우 심각하게 느끼고 있으며 내가 폭력적이지 않도록 주의할 것이다. 그러나 나는 누구에게도 "폭력적이지 말라"고 말할 수 없다. 그런 말은 아무런 의미가 없다. 자신이 그렇게 되기를 원치 않는 한. 그러니 이 폭력 문제를 정말 이해하고 싶다면 우리의 탐구 여행을 계속해 보자.

이 폭력 문제는 저기에 있는가 아니면 여기에 있는가? 당신은 그 문제를 바깥 세계에서 풀려고 하는가 아니면 당신 안에 있는 폭력 자체를 묻고 있는가? 만일 당신이 폭력으로부터 해방되어 있다면 이런 질문이 떠오를 것이다.

"어떻게 나는 폭력, 욕심, 탐욕, 질투, 잔인성으로 가득 찬 이 세계에서 살아갈 것인가? 나는 파괴되지 않을까?"

이것은 여러 가지로 질문할 수 있는 불가피한 질문이다. 당신이 그런 질문을 할 때, 나는 당신이 사실상 평화롭게 살고 있다고 생각하지 않는다. 만일 당신이 평온하게 산다면 당신에게는 아무런 문제도 없을 것이다. 하지만 당신은 군입대를 거부해서 감옥에 갈지도 모르고 전투를 거부해서 총살당할지도 모른다. 그러나 그건 문제가 아니다. 중요한 것은 이것을 이해하는 일이다.

우리는 폭력을 관념으로서가 아니라 사실로서, 인간 안에 존재하는 사실로서 이해하려고 한다. 그리고 인간이란 나 자신이다. 문제를 파고들면서 나는 그것에 대해 완전히 열려 있지 않으면 안 되며, 분명히 상처를 입을 것이다. 나를 나 자신에게 드러내야 하며—나 자신을 당신에게 드러낼 필요는 없다. 왜냐하면 당신은 흥미가 없을지도 모르니까—이 문제를 끝까지 관찰할 마음의 준비가 되어 있어야 하고, 도중에 더 이상 갈 수 없다고 중단해서는 안 된다.

나는 분명 난폭한 인간일 것이다. 나는 분노하면서 난폭을 체험했고, 성적 요구에서의 폭력, 증오와 적대감을 만드는 데서의 폭력, 질투에서의 폭력 등을 체험했다. 나는 그것을 알고 있고 스스로에게 이렇게 말한다.

"나는 이 문제를 총체적으로 이해하고 싶다. 전쟁에서 표현된 단 하나의 단편이 아니라 인간 안에 있는 이 공격성, 즉 동물에게도 존재하며 나도 그것의 일부인 이 공격성을 이해하고 싶다."

단지 다른 사람을 죽이는 것만이 폭력은 아니다. 남의 아픈 데를 찌르는 가시 돋친 말을 할 때, 어떤 사람을 무시하는 행동을 할 때, 공포 때문에 복종할 때, 그건 모두 폭력이다. 그러므로 신의 이름으로 조직된 도살장만이 폭력은 아니다. 폭력은 보다 더 교묘하고 깊은 것이어서 우리는 폭력의 바로 그 깊이를 묻고 있는 것이다.

당신이 자신을 인도인이라거나 유럽인이라거나 또는 그 밖에 어떤 것으로 부를 때, 당신은 이미 폭력적인 상태인 것이다. 그게 왜 폭력적인지 아는가? 자신을 그 밖의 모든 인류로부터 분리하고 있기 때문이다. 당신이 스스로를 신념, 국적, 전통에 따라 분리하고자 할 때, 그것은 폭력을 키운다. 따라서 폭력을 이해하고자 하는 사람은 어떤 나라, 어떤 종교, 어떤 정당이나 편파적 조직에도 속해 있지 않다. 그는 인류에 대한 전적인 이해에 관심이 있다.

폭력에 대해서 서로 생각을 달리하는 두 개의 학파가 있다. 하나는 "폭력은 인간이 본래 타고난 것이다"라고 말하고, 다른 하나는 "폭력은 인간이 살고 있는 사회의 문화적 · 사회적 유산의 결과다"라고 말한다. 우리는 우리가 어느 파에 속해 있는지에 대해서는 관심이 없다. 그것은 중요하지 않다. 중요한 것은 우리가 폭력적이라는 사실이지, 왜 폭력적인가 하는 것이 아니기 때문이다.

폭력의 가장 흔한 표현 가운데 하나가 분노다. 내 아내나 누이가 공격당했을 때 나는 마땅히 분노한다. 내 나라가 공격받고 내 생각, 내 원리, 내 삶의 방식이 공격받으면 나는 당연히 화를 낸다. 내 버릇이나 보잘것없는 의견이 공격받아도 나는 화를 낸다. 당신이 내 발등을 밟거나 나를 해롭게 하면 나는 화를 내며, 만일 누군가가 내 아내와 도망가면 나는 질투하게 되는데, 그 질투가 정당한 것이라고 여겨지는 까닭은 그녀가 나의 소유이기 때문이다.

이 모든 분노는 도덕적으로 정당화되어 있다. 내 나라를 위해서 죽이는 것도 정당화되어 있다. 그러나 우리가 폭력의 일부인 분노를 얘기할 때, 우리는 자신의 성향과 주변의 추세에 따라 정당한 분노와 정당하지 않은 분노로서 분노를 보는가 아니면 다만 분노만을 보는가? 정당한 분노가 있기는 한 것인가? 아니면 다만 분노가 있을 따름인가? 좋은 영향이나 나쁜 영향은 없고 오직 영향만이 있을 뿐인데, 나에게 맞지 않는 어떤 영향을 받았을 때 나는 그것을 나쁜 영향이라고 부른다.

당신이 가족, 나라, 기(旗)라고 불리는 넝마 한 조각, 신념, 이념, 교조(敎條) 등 당신이 요구하거나 붙잡고 있는 어떤 것을 방어하는 순간, 그 방어는 바로 분노를 뜻한다. 당신은 "나는 내 재산을 보호해야 돼"라든가 "내가 화낸 것은 정당했어"라든가 "화내는 나는 얼마나 바보스러운가?" 따위의 어떤 해명이나 정당화 없이 분노를 볼 수 있는가? 당신은 분노가 그것 자체로서 어떤 것인 양 그것을 볼 수 있는가? 그것을 완전히 객관적으로, 즉 그것을 방어하지도 비난하지도 않으면서 볼 수 있는가? 그럴 수 있는가? 내가 당신에 대해 적대감을 갖고 있거나 내가 당신을 아주 놀라운 사람이라고 생각하고 있다면 나는 당신을 제대로 볼 수 있을까? 나는 위와 같은 것들이 들어 있지 않은 어떤 관심을 갖고 당신을 바라볼 때에만 진정으로 당신을 볼 수 있다. 그렇다면 나는 그 문제에 대해 완전히 열려 있고 그것에 저항하지 않으며, 그것에 대해 아무 대응도 하지 않은 채 그 별난 현상을 관찰할 수 있을까?

분노란 나의 일부이기 때문에 그것을 냉정하게 보기는 매우 어렵지만, 그것이 지금 내가 하고자 하는 바다. 내 피부가 검든 누렇든 희든 자줏빛이든지 간에, 한 폭력적 인간인 내가 여기 있다. 나는 이 폭력이 타고난 것인지 아니면 사회가 내 안에 심어준 것인지에 대해서는 관심이 없다. 내 관심은 오직 이 폭력으로부터 자유로울 수 있느냐 하는 것이다. 폭력에서 자유로워지는 것 이상으로 나에게 중요한 것은 없다. 이것은 나에게 섹스, 음식, 지위보다 더 중요한데, 그 이유는 이것이 나를 타락시키기 때문이다. 폭력은 나를 파괴하고 세계를 파괴하기 때문에 나는 그것을 이해하고 그것을 넘어서고 싶다. 나는 이 세상의 모든 분노와 폭력에 대해 책임을 느낀다. 이 말은 그냥 해보는 말이 아니다. 그래서 혼자 이렇게 말한다.

"내가 스스로 분노를 넘어서고, 폭력을 넘어서고, 국적만 넘어설 수 있다면 뭔가 할 수 있을 텐데."

그리고 나 자신 안에서 폭력을 이해해야 된다는 생각은 나에게 그렇게 할 수 있는 엄청난 생명력과 정열을 가져다준다. 그러나 폭력을 넘어서기 위해서 나는 그것을 억압할 수 없고, 그것을 거부할 수 없으며, "그래, 그건 나의 일부야, 그러니 어쩌겠는가?"라든가 "나는 그걸 원치 않아"라고 말할 수 없다. 나는 그것을 보아야 하고 연구해야 하며 그것과 아주 친해져야 한다. 내가 폭력을 비난하거나 정당화한다면 나는 그것과 친해질 수 없다. 그럼에도 불구하고 우리는 그것을 비난하고 정당화한다. 따라서 나는 당분간 그것을 비난하거나 정당화하지 말라고 말하고 있는 것이다.

그런데 만일 당신이 폭력이 멈추기를 바라고 전쟁이 중단되기를 원한다면, 당신은 얼마나 많은 활력과 관심을 그것에 기울일 수 있는가? 당신의 아이들이 살해되고 당신의 아들들이 군대에 가서 싸우다가 살해되는 것이 당신한테 중요하지 않은가? 걱정이 안 되는가? 세상에, 그것이 당신의 관심거리가 아니라면 무엇이 관심거리인가? 당신의 돈을 지키는 것? 즐거운 시간을 갖는 것? 환각제를 먹는 것? 당신 자신 안에 있는 이 폭력이 당신의 아이들을 파괴하고 있다는 걸 모르는가? 아니면 그것을 단지 어떤 추상으로만 보고 있는가?

만일 당신이 관심을 가지고 있다면, 발견하기 위해 당신의 온 마음을 바쳐 주의를 기울여라. 그저 뒷전에 물러앉아서 "어디, 그것에 대한 모든 것을 우리한테 말해봐"라고 말하지 말라.

내가 지적하려는 점은 비난이나 정당화가 들어 있는 눈으로는 분노도 폭력도 볼 수 없으며 또 폭력이 당신에게 화급한 문제가 아니라면 당신은 비난과 정당화 그 두 가지를 제거할 수도 없다는 것이다. 그러므로 당신은 우선 배워야 한다. 분노 보는 법을 배워야 하고 남편 보는 법을 알아야 하며 아내와 아이들을 보는 법을 배워야 한다. 정치가 말에 귀를 기울여야 하고, 왜 당신이 객관적이지 못한지를 알아야 하며, 왜 당신이 비난하거나 변명하는지를 알아야 한다. 당신은 자신이 비난하거나 정당화하는 이유가 그것들, 즉 비난과 정당화가 당신이 속한 사회구조의 일부이기 때문이라는 것을 알아야 하고, 독일인 · 인도인 · 니그로 · 미국인이라는 제약과 그 제약으로 인해 무뎌진 마음 때문임을 알아야 한다.

어떤 근본적인 것을 알고 발견하려면 깊이 들어가는 능력을 갖추어야만 한다. 둔탁한 도구, 무딘 도구를 갖고 있다면, 당신은 깊이 들어갈 수가 없다. 따라서 우리는 그 도구를 예리하게 해야 하는데, 도구란 곧 마음이다. 그 모든 정당화와 비난에 의해 둔해진 마음이 바늘처럼 예리하고 다이아몬드처럼 단단할 때에만 당신은 깊이 파고들 수 있다.

뒷전에 물러앉아 "어떻게 그런 마음을 가질 수 있을까?" 하고 묻기만 하는 것은 좋지 않다. 마치 다음 끼니를 원하듯 당신은 그것을 원해야 하며, 또 그런 마음을 갖기 위해서는 무엇이 당신의 마음을 무디고 어리석게 만드는지를 알아야만 한다. 그런 뒤에야 비로소 당신은 볼 수 있고, 탐구할 수 있고, 뚫고 들어갈 수 있으며, 그 결과 모든 문제를 완전히 아는 상태에 이를 수 있을 것이다.

그러면 핵심 문제로 돌아가 보자. 우리 안에 있는 폭력을 뿌리뽑을 수 있을까? "당신은 변하지 않았어, 왜 안 변하지?"라고 말하는 것은 폭력의 한 형태다. 나는 그렇게 하지 않는다. 당신으로 하여금 무엇인가를 깨닫게 하는 것은 나에게 아무런 의미도 없다. 그것은 당신의 삶이지 내 삶이 아니다. 당신의 사는 방식은 당신의 일이다. 내가 묻고 있는 것은 사회

속에서 심리적으로 살고 있는 한 인간이 그의 마음으로부터 폭력을 말끔히 몰아낼 수 있는가 하는 것이다. 만일 그것이 가능하다면, 바로 그 과정은 이 세계에 어떤 다른 삶의 방식을 낳을 것이다.

우리들 대부분은 폭력을 삶의 한 방식으로 받아들인다. 두 개의 끔찍한 전쟁은 인간들 사이, 즉 당신과 나 사이에 더욱 더 장벽을 세우도록 가르쳤다. 그렇다면 폭력을 제거하고 싶어하는 우리는 그것을 어떻게 성취할 수 있을까?

나는 어떤 일이든 분석을 통해서—우리 자신에 의해서든 전문가에 의해서든—성취된다고는 생각하지 않는다. 분석을 통해 우리는 자신을 약간 변화시킬 수도 있고 좀더 깊은 애정을 갖고 지금보다 더 조용히 살지도 모르지만, 그것이 총체적인 지각을 가져다주지는 않는다. 그러나 어떻게 분석하는가를 알아야 하는데, 이것은 분석 과정에서 내 마음이 매우 예리해진다는 것을 뜻하며 그 예리함, 주의력, 진지함이라는 성질이 총체적인 지각을 가져다준다. 우리는 모든 것을 한눈에 보는 눈을 갖고 있지 않다. 이 눈의 명징성은 사람이 미세한 부분들을 볼 수 있을 때에만 가능하며, 그런 뒤에야 도약한다.

어떤 사람들은 스스로 폭력을 없애기 위해, 비폭력이라고 불리는 하나의 개념, 하나의 관념을 사용했으며, 우리는 폭력에 반대되는 관념, 즉 비폭력이라는 관념을 가짐으로써 사실적인 것, 실재하는 것을 제거할 수 있다고 생각한다. 그러나 그것은 불가능하다. 우리는 이루 헤아릴 수 없이 많은 관념들을 가져왔고 모든 신성한 책들은 관념들로 가득 차 있지만, 우리는 여전히 폭력적이다. 그렇다면 왜 폭력 자체를 다루지 않으며 그 말을 완전히 잊어버리지 못하는가?

실재하는 것을 이해하려면 당신은 그것에 대해 당신의 모든 주의력과 모든 에너지를 다 바치지 않으면 안 된다. 그 주의력과 에너지는 당신이 어떤 허구적 · 관념적인 세계를 만들어내면 이내 흐트러진다. 그렇다면 당신은 관념적인 것을 완전히 인멸할 수 있는가? 무엇이 진리고 무엇이 사랑인지를 알고자 하는 강한 충동을 갖고 있는 사람은 아무런 개념도 갖고 있지 않다. 그는 오직 현재 있는 것 속에서 살 따름이다.

자신의 분노에 대해 조사하려면 당신은 그것에 대해 어떤 판단도 내려서는 안 된다. 왜냐하면 당신이 분노의 반대를 생각하는 순간 당신은 분노를 비난하게 되고, 그렇게 되면 당신은 그것을 있는 그대로 보지 못하게 되기 때문이다. 당신이 누구를 싫어한다거나 증오한다고 말할 때, 비록 그 말이 아주 심한 소리로 들릴지도 모르지만 그건 사실일 것이다. 당신이 그것을 정면으로 바라보고 그 안으로 완전히 들어간다면 그것으로 끝이지만, 당신이 "증오하지 말아야 해. 내 가슴속에 사랑을 지니고 있어야 해"라고 말한다면, 당신은 이중의 기준을 가진 위선적 세계에서 살고 있는 것이다. 순간 속에 산다는 것은 아무 비난이나 합리화 없이 사는 것이다. 있는 것 속에, 실재하는 것 속에 산다는 것이다. 그러면 당신은 분노를 완전히 이해하는 나머지 그것을 끝낼 수 있다. 당신이 명징하게 들여다볼 때 문제는 풀리게 된다.

그러나 당신은 폭력의 얼굴을 분명히 볼 수 있는가? 즉 당신 바깥뿐만 아니라 당신 안에 있는 폭력의 얼굴을 분명히 볼 수 있는가 하는 것이다. 다시 말해 폭력을 제거하기 위해 이데올로기에 의존하는 일 없이 폭력에서 완전히 자유로울 수 있는가? 이 문제는 단지 말로만 찬성하거나 반대할 일이 아니라 아주 깊은 명상이 요구된다.

지금까지 당신은 일련의 진술을 읽어왔지만, 당신은 정말로 그것을 이해했는가? 당신의 제약된 마음, 생활방식, 당신이 살고 있는 사회의 모든 구조는 당신이 사실을 보지 못하게 하며 그것으로부터 즉각적으로 자유로워지지 못하게 한다. 당신은 "나는 그것에 대해 생각해 볼 거야. 나는 자유로워지려고 해볼 거야"라고 말한다. '해볼 거야'라는 것은 당신이 할 수 있는 가장 우려할 만한 진술 가운데 하나다. 해본다는 것은 없으며 최선을 다한다는 것도 없다. 하거나 안 하거나 둘 중에 하나다. 집이 불타고 있는데 당신은 뜸을 들이고 있다. 전세계와 자신 안의 폭력 때문에 집이 불타고 있는데 당신은 이렇게 말했다.

"어디 한 번 생각해 보자. 어떤 이데올로기가 저 불을 끄는데 가장 좋을까?"

집이 불타고 있을 때, 당신은 물을 나르는 사람의 머리카락 색깔에 관해 말하겠는가?

일곱 번째 이야기

관계에 대하여

"우리는 내적으로 가난해져야 한다. 이 내적 가난만이
삶의 진실을 볼 수 있으며, 거기엔 아무 갈등도 없다.
그러한 삶은 어떤 교회나 사원에서도 발견될 수 없는 축복이다."

우리가 앞장에서 생각해 본 폭력의 종식은 반드시 마음이 스스로 평화로운 상태를 의미할 필요는 없으며, 따라서 마음의 모든 관계가 평온한 상태를 뜻할 필요도 없다.

사람들 사이의 관계는 이미지 형성, 방어 메커니즘에 근거하고 있다. 모든 관계 속에서 우리들 각자는 상대방에 관한 이미지를 만들며, 이 두 개의 이미지—사람들 자신이 아니라—가 관계를 갖는다. 아내는 남편에 관한 이미지를 가지며—의식적으로 갖는 것은 아니지만 그럼에도 이미지는 있다—남편은 아내에 관한 이미지를 갖고 있다. 우리는 나라와 자신에 대한 이미지를 갖고 있으며, 그것에 더욱더 이미지를 보탬으로써 항상 그 이미지들을 강화시킨다. 그리고 관계를 갖는 것은 모두 이 이미지들이다. 이미지가 형성되고 나면 두 사람 또는 많은 사람들 사이의 실제 관계는 완전히 끝나고 만다.

이러한 이미지들에 기초한 관계는 결코 평화롭지 못한데, 왜냐하면 이미지는 허구적인 것이며 사람은 추상 속에서 살 수 없기 때문이다. 그럼에도 우리 모두는 관념 속에서, 이론 속에서, 상징 속에서 살고 있으며, 자신과 남들에 관해 만들어낸—따라서 전혀 실제가 아닌—이미지들 속에서 살고 있다. 우리의 모든 관계는, 그것이 재산과의 관계든 아니면 관념이나 사람들과의 관계든, 근본적으로 이 이미지의 형성에 근거해 있으며, 따라서 거기엔 언제나 갈등이 있다.

그러면 우리 안에서 그리고 다른 사람들과의 관계 속에서 어떻게 하면 완전히 평화로울 수 있을까? 어쨌든 삶은 관계 속에서의 운동이고, 그렇지 않다면 삶이라는 것은 있을 수 없다. 만일 삶이 어떤 추상적, 관념적, 사변적 전제 위에 기초해 있다면, 그런 추상적 삶은 필연적으로 싸움터가 되는 관계를 초래한다. 그러면 사람에게서 아무런 강요, 모방, 억압 또는 승화 없이 완전히 정돈된 내적 삶이 가능할까? 사람은 관념의 틀 속에서 유지되는 것이 아닌 삶—어떤 순간에도 혼란스러워지지 않는 내적 고요—다시 말해 어떤 환상적이고 신비한 추상의 세계가 아니라 집과 일터라는 나날의 삶 속에서 유지되는 삶을 살 수 있는 그런 질서를 자기 자신 안에 마련할 수 있을까?

나는 우리가 이 질문 속으로 아주 조심스럽게 들어가야 한다고 생각하는데, 왜냐하면 우리 의식의 어느 구석도 갈등으로 물들지 않은 곳이 없기 때문이다. 우리의 모든 관계—그것이 친한 사람과의 관계든 아니면 이웃이나 사회와의 관계든—속에는 이 갈등이 있다. 즉 반대, 분열 상태, 분리, 이중성 등의 갈등이. 자신과 사회에 대한 관계를 관찰해 보면 우리 존재의 모든 차원에 갈등이 있음을 알 수 있다. 즉 아주 피상적인 대응이나 아니면 황폐한 결과를 가져오는 크고 작은 갈등이 있음을 알 수 있다.

사람은 갈등을 일상적 실존의 고유한 부분으로 받아들여 왔는데 그 이유는 사람은 경쟁, 질투, 탐욕, 취득심, 공격 등을 삶의 자연스런 방식으로 받아들였기 때문이다. 우리가 그러한 생활방식을 받아들일 때 우리는 액면 그대로의 사회구조를 받아들이는 것이며 그래서 앞서 말한 '존경할 만함'이라는 틀 속에 사는 것이다. 우리들 대부분은 그것에 사로잡혀 있는데 그 이유는 우리들 스스로가 엄청나게 존대받기를 바라기 때문이다. 우리의 마음과 가슴을 점검하고 우리가 생각하는 방식, 느끼는 방식 그리고 나날의 삶 속에서 행동하는 방식을 점검해 보면, 우리가 사회의 틀에 순응하는 한 삶은 전장(戰場)일 수밖에 없다는 사실을 알 수 있다. 만일 우리가 그것을 받아들이지 않는다면 — 그리고 어떤 종교적인 사람도 그런 사회를 수락할 수 없을 것이다 — 우리는 비로소 사회의 심리적 구조에서 완전히 자유롭게 될 것이다.

우리들 대부분에게는 사회의 사물들이 매우 많다. 사회가 우리 안에 만들어 놓은 것, 우리가 우리 자신 안에 만들어 놓은 것은 탐욕, 질투, 분노, 증오, 선망, 불안 등으로, 우리에게는 이것들이 매우 풍부하다.

세계의 여러 종교들은 가난을 설교해 왔다. 승려는 승복을 입고, 이름을 갈고, 머리를 깎고, 암자에 들어가 가난과 순결을 맹세한다. 동양에서는 허리에 걸치는 간단한 옷 한 벌, 승복 한 벌에, 하루 한 끼를 먹는데, 우리는 모두 그런 가난을 존경한다. 그러나 그렇게 가난의 옷을 입은 사람들도 내적 · 심리적으로는 여전히 사회의 사물들을 많이 갖고 있다. 그 이유는 그들이 여전히 지위와 명망, 위세를 찾고 있기 때문이다. 그들은 이런 지위 또는 저런 등급에 속해 있고, 이런 종교나 저런 종교에 속해 있으며, 여전히 한 문화, 한 전통의 분열 속에 살고 있다. 그것은 가난이 아니다. 가난은, 옷이 좀더 많고 먹을 것이 좀더 많다고 하더라도—도대체 그것이 무슨 상관이란 말인가?—사회로부터 완전히 자유로운 것을 말한다. 그러나 불행하게도 대부분의 사람들에게는 과시하려는 충동이 있다. 마음이 사회로부터 자유로울 때 가난은 놀랄 만큼 아름다운 것이 된다. 우리는 내적으로 가난해져야 한다. 왜냐하면 그래야만 아무런 요구나 욕망이 없기 때문이다. 그렇다, 아무것도. 이 내적 가난만이 삶의 진실을 볼 수 있으며 거기엔 아무 갈등도 없다. 그러한 삶은 어떤 교회에서도, 어떤 사원에서도 발견될 수 없는 축복이다.

그러면 어떻게 자신을 사회의 심리적 구조로부터 해방시킬 수 있을까? 즉 우리 자신을 어떻게 갈등의 핵심으로부터 해방시킬 수 있는가? 갈등의 가지들을 잘라내고 다듬는 것은 어려운 일이 아니다. 지금 우리가 묻고 있는 것은 완전한 내적—따라서 외적—고요 속에 살 수 있는지의 여부다. 이것은 우리가 식물적으로 되거나 정체적(停滯的)으로 된다는 것을 뜻하지 않는다. 반대로 우리는 역동적이고 생동적이며 힘으로 가득 차게 될 것이다.

어떤 문제를 이해하고 그것으로부터 자유로워지기 위해서는 대단히 정열적이고 지속적인 에너지가 필요한데, 그것은 육체적 · 지적 에너지뿐만 아니라 어떤 동기, 심리적 자극 또는 약물에 의존하지 않는 에너지를 말한다. 만일 우리가 어떤 자극에 의존한다면 그 자극은 곧 마음을 둔하고 무감각하게 만든다. 어떤 약물의 힘으로 일시적이나마 사물을 명징하게 보는 힘을 얻을 수 있을지는 몰라도, 우리는 곧 이전의 상태로 되돌아가고 그래서 그 약물에 더욱더 의존하게 된다. 그러므로 모든 자극—그것이 교회의 자극이든 술이나 약물 또는 말의 자극이든 간에—은 필연적으로 의존을 가져오며 그 의존은 우리로 하여금 자신을 분명히 보지 못하게 하여 생동적 에너지를 가로막는다.

불행하게도 우리는 모두 심리적으로 무엇엔가에 의존하고 있다. 왜 우리는 의존하는가? 왜 의존하고 싶은 충동이 있는가? 우리는 함께 여행하고 있다. 즉 당신은 당신이 의존하는 원인들을 내가 당신에게 말하기를 기다리는 것이 아니다. 우리가 함께 찾으면 우리 둘 다 발견하게 될 것이고 따라서 그 발견은 당신의 것이 될 것이며, 그렇게 됨으로써 그것은 당신에게 활력을 줄 것이다.

나는 내가 어떤 것에 의존하고 있음을 알고 있다. 예컨대 나를 자극하는 청중이 바로 그것이다. 나는 많은 청중에게 강연을 함으로써 그들에게서 일종의 에너지를 끌어낸다. 그러므로 그들이 내 말에 동의하든 반대하든지 간에 나는 청중들에게 의존한다. 그들이 동의하지 않으면 않을수록 그들은 나에게 더욱더 활력을 준다. 만일 그들이 동의하면 활력은 매우 미미하고 텅 빈 것이 된다. 사람들한테 강연하는 것이 나에게 아주 자극적인 것이기 때문에 나는 내가 청중을 필요로 한다는 걸 잘 안다. 그렇다면 왜 그런가? 왜 나는 의존하는가? 왜냐하면 나 자신 안에서 나는 깊이가 없고 나는 아무것도 아니며, 나 자신 안에 항상 넘치고 풍부하고 활력 있고 움직이며 살아 있는 원천을 갖고 있지 못하기 때문이다. 그래서 나는 의존한다. 나는 그 원인을 찾아냈다.

그러나 그 원인을 발견했다고 해서 내가 의존에서 자유로울 수 있을까? 그 원인의 발견은 다만 지적인 것이기 때문에 그것은 분명히 내 마음을 의존성으로부터 해방시키지 않는다. 어떤 관념을 단순히 지적으로 수락하는 것이나 어떤 이데올로기에 대한 감정적 묵인은, 자극을 주게 될 어떤 것에서 마음을 자유롭게 할 수가 없다. 마음을 의존에서 해방시키는 것은 자극과 의존의 전체 구조를 아는 것이며 그 의존이 어떻게 마음을 어리석고, 둔하고, 활발하지 못하게 하는지를 아는 것이다. 그 전부를 보는 것만이 마음을 자유롭게 한다.

그래서 나는 총체적으로 본다는 것이 무엇을 뜻하는 것인지를 따져보아야만 한다. 내가 어떤 특별한 관점이나 소중히 여기는 독특한 체험으로 삶을 볼 때, 또는 내가 모은 어떤 독특한 지식으로 삶을 볼 때—위의 것들이 나의 배경이며 또

'나' 이다—나는 총체적으로 볼 수 없게 된다. 나는 내 의존의 원인을 지적으로, 말로, 분석을 통해서 발견했지만, 생각이 탐색한 것은 모두 단편적이기 때문에 생각이 끼여들지 않을 때에만 나는 어떤 것을 총체적으로 볼 수 있다.

그래야만 나는 나의 의존이라는 것을 볼 수 있다. 즉 나는 있는 것을 실제로 본다. 나는 좋고 싫고에 상관없이 그것을 본다. 나는 그 의존을 없애고 싶지도 않고 그것의 원인으로부터 자유롭고자 하지도 않는다. 나는 그것을 관찰하고 그러한 관찰이 있으면 나는 그림의 조각이 아니라 그림 전부를 볼 수 있으며, 또 마음이 그림 전부를 볼 때 자유가 있게 된다. 그래서 나는 단편화가 될 때 에너지가 분산됨을 알았다. 나는 에너지 분산의 원인을 바로 발견한 것이다.

만일 당신이 모방하고, 권위를 받아들이고, 사제한테 의존하고, 의식 · 도그마 · 당(黨) 또는 어떤 이데올로기에 의존하면 에너지의 낭비가 없으리라고 생각할지도 모르지만, 어떤 이데올로기—그것이 좋든 나쁘든 또는 그것이 신성하든 신성하지 않든 간에—를 따르고 수락하는 것은 조각난 행동이요 따라서 갈등의 원인이 된다. 그리고 '있어야 하는 것'과 '있는 것' 사이에 분열이 있는 한 반드시 갈등은 있게 마련이고 모든 갈등은 에너지의 분산을 의미한다.

스스로 "어떻게 갈등으로부터 자유로울 수 있을까?"라고 묻는다면, 당신은 또 하나의 문제를 만들고 있는 것이며 따라서 갈등은 증가하게 된다. 반면, 당신이 어떤 구체적인 대상을 보듯 그것을 사실로서 분명히, 똑바로 보기만 한다면, 당신은 아무런 갈등도 없는 삶의 진실을 근본적으로 이해하게 될 것이다.

이것을 달리 얘기해 보자. 우리는 언제나 '그런 우리(있는 우리)'와 '그래야 하는 우리(있어야 하는 우리)'를 비교한다. '그래야 하는 것'은 우리가 이러저러해야 한다고 생각하는 바의 투영이다. 비교가 있으면 갈등이 있는데, 이 비교는 어떤 사람이나 어떤 것과의 비교를 말하며 따라서 '있었던 것'과 '있는 것' 사이에 갈등이 있게 된다. 아무 비교가 없을 때에만 '있는 것'이 있으며, '있는 것'과 더불어 사는 것은 평화롭게 사는 것이다. 그러면 당신은 절망, 추악함, 잔인성, 공포, 불안과 같은 자신 안에 있는 것에 마음을 빼앗기지 않고 당신의 모든 주의력을 기울일 수 있고, 그것과 더불어 완전히 살게 된다. 그러면 모순이나 대립이 사라져 아무런 갈등이 없게 된다.

그러나 우리는 항상 자신을 어떤 것과 비교한다. 더 돈이 많고, 더 훌륭한 사람, 더 머리 좋은 사람, 더 애정 깊고, 더 유명하고, 더 이렇고 더 저렇고……. 그 '더'라는 것이 우리

삶에서 엄청나게 중요한 몫을 하고 있다. 다시 말해 우리 자신을 항상 어떤 것 또는 어떤 사람과 비교하는 것은 갈등의 주요 원인 가운데 하나다.

그러면 도대체 왜 비교하는 것일가? 왜 당신은 자신과 다른 것을 비교하는가? 어린 시절부터 우리는 비교를 배워왔다. 모든 학교에서 A는 B와 비교되었고, 그래서 A는 B처럼 되기 위해 자신을 파괴했다. 당신이 전혀 비교하지 않을 때, 이상(理想)도 대립도 없고 이중성의 요인도 없을 때, 당신이 있는 그대로의 당신과 다르려고 애쓰지 않을 때, 당신 마음속에는 어떤 일이 일어났는가? 당신의 마음은 반대되는 것을 더 이상 만들지 않고, 고도로 총명하고 고도로 민감하고 엄청난 정열을 갖게 되었을 것이다. 왜냐하면 노력은 정열—정열은 생명력인데—의 낭비인데 당신은 정열 없이 아무것도 할 수 없기 때문이다.

만일 당신이 자신을 다른 것 또는 다른 사람과 비교하지 않는다면 당신은 있는 그대로의 당신이 될 것이다. 비교함으로써 당신은 발전하고자 하고, 성숙하고자 하고, 더 이지적이고자 하며, 더 아름다워지려고 한다. 그러나 그렇게 될까? '사실'은 있는 그대로의 당신이며, 당신은 비교함으로써 그 사실을 조각낸다. 그리고 이것은 또 에너지의 낭비다. 비교 없이 있는 그대로의 당신을 보는 것은 당신에게 볼 수 있는 엄청난 힘을 준다. 비교 없이 자신을 볼 수 있을 때 당신은 비교를 넘어서 있는 것인데, 이것은 마음이 만족으로 침체해 있다는 의미가 아니다. 우리는 마음이 어떻게 에너지를 낭비하는지를 본질적으로 알고 있으며, 이것은 삶의 전체성을 이해하는 데 너무도 필요하다.

나는 내가 누구와 갈등하고 있는지 알고 싶어하지 않는다. 즉 나는 존재의 주변적 갈등에 대해 알고 싶지 않다. 내가 알고 싶은 것은 도대체 왜 갈등이 있어야 하는가에 대해서다. 이 문제를 나 자신에게 제기할 때 나는 주변적 갈등과 그 해결과는 아무 상관도 없는 기본적인 문제를 들여다본다. 나는 중심 문제에 관심을 갖고 있으며 욕망의 본질 바로 그것이—완전히 이해되지 않았더라도—필연적으로 갈등을 가져올 수밖에 없다는 걸 알고 있다. 혹시 당신도 알고 있는가?

욕망은 언제나 모순 속에 있다. 나는 모순된 것들을 욕망한다. 이 말은 내가 욕망을 부수고, 통제하고 또는 승화시켜야 한다는 의미가 아니다. 나는 다만 욕망 자체가 모순된다는 것을 알 뿐이다. 모순된 것은 욕망의 대상이 아니라 욕망의 본질이다. 갈등을 이해하기 전에 욕망의 본질을 알아야만 한다. 우리는 자신 안에서 모순 상태에 있으며, 이것은 욕망에 의해 초래된 것이다. 즉 쾌락을 좇고 고통을 피하려는 욕망을 말하는데, 우리는 이미 그러한 욕망 속에 살고 있다.

그래서 우리는 모든 모순의 뿌리로서의 욕망을 안다. 어떤 것은 원하고 어떤 것은 원치 않는, 즉 이중의 행동이 그것이다. 뭔가 즐거운 일을 할 때 거기엔 아무 노력도 필요없다. 그러나 쾌락은 고통을 가져오고 그래서 고통을 피하려고 발버둥을 치는데, 그것은 또한 에너지 낭비다. 도대체 왜 우리는 이중성을 갖고 있는가? 물론 자연에는 이중성이 있다. 남자와 여자, 빛과 그림자, 낮과 밤. 그러나 내적 · 사회적으로, 우리는 왜 이중성을 갖고 있는가? 내가 그 이유를 당신에게 말해주기를 기다리지 말고, 나와 함께 그것에 대해 생각해 보도록 하자.

그 이유를 찾아내기 위해 당신은 자신의 마음을 사용해야 한다. 나의 말은 당신을 비추는 거울에 불과하다. 왜 우리는 이 심리적 이중성을 갖고 있는가? 우리가 항상 '있는 것'과 '있어야 하는 것'을 비교하면서 자라도록 키워졌기 때문인가? 우리는 옳은 것과 그른 것, 좋은 것과 나쁜 것, 도덕적인 것과 부도덕한 것에 의해 제약을 받아왔다. 우리가 폭력의 반대, 선망의 반대, 질투 · 비열함의 반대에 관해 생각하는 것이 그것들을 제거하는 데 도움이 된다고 믿기 때문에 그 이중성이 존재하게 된 것인가? 우리는 있는 것을 없애기 위한 지렛

대로서 반대되는 것을 사용하는가 아니면 실재하는 것으로부터의 도피인가?

당신은 어떻게 다뤄야 할지 모르는 실재하는 것을 피하기 위한 수단으로 반대되는 것을 사용하는가 아니면 현재에 대처하려면 어떤 이상—'있는 것'의 반대—을 가져야 한다는, 수천 년 동안 들어온 프로파간다(propaganda) 때문인가? 이상을 가질 때 당신은 그것이 '현존하는 것'을 제거하는 데 도움이 된다고 생각하는데, 결코 그런 적은 한 번도 없었다. 당신은 여생 동안 비폭력을 설교할지도 모르지만, 언제나 폭력의 씨를 뿌리고 있는 것이다.

당신은 자신이 이러저러해야 한다는 생각과 어떻게 행동해야 한다는 생각을 갖고 있지만, 실은 언제나 그와 다르게 행동하고 있다. 그래서 당신은 원칙, 신념, 이상들이 불가피하게 위선적이고 부정직한 삶으로 이끌어간다는 것을 안다. '있는 것'에 반대되는 것을 만들어내는 것이 이상이므로, 만일 당신이 '있는 것'과 더불어 있는 법을 안다면 그때는 반대되는 것이 필요치 않게 된다.

누구와 비슷하게 되려고 하는 것 또는 당신의 이상처럼 되려고 하는 것은 모순, 혼란, 갈등의 주요 원인 가운데 하나다. 어떤 수준에서든 혼란스러운 마음은 혼란한 채 남아 있을 것이다. 즉 혼란이 낳은 행동은 모름지기 더욱더 혼란으로 이끌어간다. 나는 이러한 사실을 아주 분명히 알고 있다. 즉각적인 육체적 위험처럼 분명히 알고 있다. 그래서 어떤 일이 일어나는가? 나는 더 이상 혼란에 의해 행동하지 않는다. 따라서 무위(無爲)는 완전한 행동이다.

여덟 번째 이야기

진정한 자유란 무엇인가

"고독하려면 과거에 대한 모든 것들을 버려야만 한다.
당신이 완전히 고독할 때 국외자가 된 듯한 느낌을 받게 된다.
이렇게 완전히 자유로운 사람은 천진스러우며,
이러한 천진성으로 슬픔에서 해방될 수 있다."

어떤 억압의 고통도, 어떤 틀에 맞추는 잔혹한 훈련도 진리로 안내하지 못했다. 진리와 만나려면 마음은 한 점의 뒤틀림도 없이 완전히 자유롭지 않으면 안 된다. 그러나 우선 우리가 정말 자유를 원하는지 스스로 물어보자. 자유를 말할 때 우리는 완전한 자유를 말하는 것인가 아니면 어떤 불편하거나 불쾌한 것으로부터 벗어나는 자유를 말하는 것인가? 우리는 고통스럽거나 추악한 기억과 불행한 경험으로부터 자유롭기를 원하지만, 유쾌하고 만족스런 이데올로기, 신조, 관계들은 그대로 지니고 유지한다. 그러나 고통 없이 쾌락만을 유지하는 것은 불가능하다. 왜냐하면 이미 살펴봤듯이 그 둘은 서로 떼어놓을 수 없는 것이기 때문이다.

그러므로 우리가 완전한 자유를 원하는지의 여부를 결정하는 것은 우리들 각자의 일이다. 만일 우리가 자유를 원한다고 말한다면, 우리는 자유의 본질과 구조를 이해하지 않으면 안 된다.

당신이 고통 또는 어떤 불안으로부터 자유로울 때 그것이 자유인가 아니면 자유 그 자체가 완전히 다른 어떤 것인가? 예컨대 당신은 질투에서 자유로울 수 있지만, 그 자유는 하나의 대응이 아닌가? 따라서 그것은 전혀 자유가 아닌 것이다. 당신은 도그마를 분석하고 치워버림으로써 아주 쉽게 그것으로부터 자유로울 수 있지만, 도그마로부터 자유롭고자 하는 동기는 그것 자체의 반응을 갖고 있다. 왜냐하면 어떤 도그마로부터 자유롭고자 하는 욕망은 그 도그마가 더 이상 유행하는 것도 아니고 또 편리하지도 않기 때문이다.

당신이 국제주의를 믿기 때문에 또는 어리석은 민족주의적 도그마에 매달리는 것이 경제적으로 보아 더 이상 필요치 않다고 느끼기 때문에 당신은 민족주의로부터 자유로울 수 있다. 당신은 쉽게 그걸 물리칠 수 있다. 또는 당신에게 훈련이나 저항의 결과로서의 자유를 약속하는 정신적 지도자나 정치적 지도자에게 반발할 수도 있다. 그러나 그런 합리주의,

그런 논리적 결론이 자유와 무슨 관계가 있는 것인가?

만일 당신이 어떤 것으로부터 자유롭다고 말한다면, 그것은 또 하나의 순응, 또 다른 형태의 지배를 가져오게 될 또 하나의 반응이 될 것이다. 이런 식으로 당신은 일련의 반응들을 가질 수 있고 각 반응을 자유라고 여길 수 있다. 그러나 그것은 자유가 아니다. 그것은 마음이 매달리는 변형된 과거의 연속일 따름이다.

모든 시대의 젊은이들과 마찬가지로, 오늘의 젊은이들은 사회에 저항하며, 그것은 그것 자체로서 좋은 것이다. 그러나 저항은 자유가 아니다. 왜냐하면 당신이 저항할 때 그것은 하나의 대응이고, 이 대응은 그것 자체의 패턴을 세워 당신은 그 패턴에 붙잡혀 있는 것이 되기 때문이다. 당신은 그것이 뭔가 새로운 것이라고 생각한다. 그러나 그렇지 않다. 그것은 다른 틀 속의 낡은 것이다. 어떤 사회적 · 정치적 저항도 결국 무척 낡은 부르주아의 정신 상태로 되돌아가게 될 것이다.

자유는 저항을 통해서가 아니라 당신이 보거나 행동할 때에만 온다. 보는 것은 행동하는 것이며 그 행동은 당신이 위험을 볼 때처럼 즉각적인 것이다. 그래서 거기엔 어떠한 두뇌 작용도, 토론도, 주저도 없다. 그 위험 자체가 행동하게 만들고 그래서 보는 것은 행동하는 것이고 자유롭게 되는 것이다.

자유란 마음의 상태를 말한다. 어떤 것으로부터의 자유가 아니라 자유 의식, 모든 걸 회의하고 질문하는 자유이며 따라서 아주 강렬하게 집중적이고 능동적이고 활기에 차 있기 때문에 그것은 모든 의존, 예속, 순응, 수락을 내던진다. 그런 자유에는 완전히 혼자라는 의미가 함축되어 있다. 그러나 그토록 의존적인 환경과 문화 속에서 자란 마음이 그런 자유, 즉 완전히 고독하고 아무 리더십도 전통도 권위도 없는 그런 자유를 찾을 수 있을까?

이 고독은 어떤 자극이나 지식에도 의존하지 않고 어떤 체험이나 결정의 결과도 아닌 마음의 내적 상태다. 우리들 대부분은 결코 내적으로 고독하지 않다. 스스로 격리, 절연하는 고립(isolation)과 고독(aloneness, solitude)은 서로 다르다. 우리는 고립된다는 것이 어떤 것인지 알고 있다. 아픔을 당하지 않고 상처받지 않기 위해 자기 둘레에 벽을 쌓고 또 다른 형태의 괴로움인 이탈을 도모하며, 이데올로기의 허황된 상아탑 속에 사는 것 등이 바로 그것이다.

하지만 고독은 이것과 아주 다르다. 당신은 기억으로 가득 차고, 제약투성이이며, 어제의 투덜거림으로 꽉 차 있기 때문에 결코 고독하지 않다. 즉 당신의 마음은 그동안 그것이 축적해 온 쓰레기들을 깨끗이 비우지 않은 것이다. 고독하려면 과거에 대한 모든 것들을 버려야만 한다. 당신이 고독할 때,

자유는 원망(願望), 소원, 갈망을 통해서가 아니라 오직 자연스럽게 올 뿐이다.

즉 어떤 가족에도 속해 있지 않고 어떤 나라에도, 문화에도, 특별한 대륙에도 속해 있지 않고 완전히 고독할 때, 국외자가 된 듯한 느낌을 받게 된다. 이렇게 완전히 자유로운 사람은 천진스러우며, 이러한 천진성이 마음을 슬픔에서 해방시킨다.

우리는 수많은 사람들이 했던 말들과 우리의 모든 불행한 기억들을 짊어지고 살고 있다. 그 모든 것을 완전히 버리는 것이 고독이며, 고독한 마음은 순진할 뿐만 아니라 젊으며—나이나 시간에 관계없이 어떤 나이에서든 젊고 천진하다—또 그런 마음만이 진실한 것을 알며 말로 측량할 수 없는 것을 안다.

이러한 고독 속에서 당신은, 당신이 이러저러해야 한다고 생각하는 바나 이러저러했던 바가 아니라, 있는 그대로의 자신과 함께 살아야 한다는 것을 이해하기 시작할 것이다. 아무 떨림 없이, 아무 그릇된 겸손 · 공포 · 합리화나 비난 없이 자신을 볼 수 있는지 보라. 오직 있는 그대로의 당신 자신과 더불어 살라.

어떤 것과 친근하게 같이 살 때에만 당신은 같이 사는 그것을 이해하기 시작한다. 그러나 그것에 익숙해지는 순간—그 익숙해지는 것이 자신의 불안이든 선망이든 아니면 그 어떤 것이든지 간에—당신은 더 이상 그것과 더불어 사는 것이 아니다. 만일 당신이 강가에서 산다면 며칠이 지난 뒤 당신은 더 이상 그 물소리를 듣지 못하며, 또 만일 당신이 방 안에 그림을 하나 걸어 놓고 매일 본다면 몇 주일 뒤 당신은 그것을 잊어버린다.

그것은 산이나 계곡이나 나무에서도 마찬가지며, 당신의 가족이나 남편이나 아내에게서도 마찬가지다. 그러나 질투, 선망, 불안 같은 것과 더불어 살 때 당신은 그것에 익숙해져서는 안 되며 그것을 수락해서도 안 된다. 새로 심은 나무를 햇빛이나 폭풍으로부터 보호하듯 그것을 보살피지 않으면 안 된다. 당신은 그것을 비난하거나 변명하지 말고 보살펴야 한다. 그러면 당신은 그것을 사랑하기 시작한다. 그럴 때 당신은 질투하고 불안한 것을 사랑하는 것이 아니라 보살핌에 마음을 쓰는 것이다.

우리는 우리가 무뎌지고 선망하고 무서워하게 된다는 걸 알면서, 우리가 실은 그렇지도 않지만 엄청나게 애정을 갖고 있다고 믿으면서, 쉽게 마음 상하고 쉽게 알랑거리고 싫증내면서, 있는 그대로의 우리 자신과 더불어 살 수 있을까? 우리는 그것들을 수락하지도 거부하지도 않고, 병적이 되거나 또는 의기소침하거나 의기양양함 없이 그저 그것들을 관찰할 수 있을까?

그러면 한 걸음 더 나아가서 자문해 보자. 이 자유, 이 고독, 우리 자신 안에 있는 전 구조(構造)와의 만남이 시간이 흐르면 이루어질 수 있을까? 즉 자유가 점진적인 과정을 통해서 성취될 수 있을까? 분명히 성취되지 않는다. 왜냐하면 당신이 시간을 끌어들이자마자 당신은 자신을 더욱더 노예화시키기 때문이다. 당신은 점진적으로 자유롭게 될 수가 없다. 그것은 시간의 문제가 아니다.

다음은 이 질문을 해보자. 당신은 그 자유를 의식할 수 있을까? 당신이 "나는 자유롭다"라고 말하면 당신은 자유로운 것이 아니다. 그것은 "나는 행복하다"라고 말하는 사람과 같다. "나는 행복하다"라고 말하는 순간, 그는 이미 지나간 어떤 것의 기억 속에서 살고 있는 것이다. 자유는 원망(願望), 소원, 갈망을 통해서가 아니라 오직 자연스럽게 올 뿐이다. 당신이 만들어낸 이미지를 통해 찾을 수 있는 것이 아니다. 자유를 만나려면 마음은 삶을 바라보는 법을 알아야 하며, 이것은 시간의 속박 없이, 의식의 영역 너머에 있는 자유를 향한 거대한 몸짓인 것이다.

아홉 번째 이야기

시간의 초월

"죽음은 새로 태어나는 것이요 변화이며, 그 안에서 생각은 사라지게 된다. 아는 것으로부터의 자유는 곧 죽음이며, 그러면 당신은 살고 있는 것이다."

나는 신에게 가서 진리를 가르쳐달라고 한 어떤 위대한 제자 얘기를 다시 하고자 한다. 이 가난한 신은 "친구여, 날이 몹시 덥다. 물 한 잔 마시게 해다오"라고 말했다. 그래서 그 제자는 그가 만난 첫 번째 집 문을 두드렸고 한 아름다운 아가씨가 문을 열었다. 그 제자는 그녀와 사랑에 빠졌고, 결혼해서 예닐곱 명의 아이들을 가졌다. 그러던 어느 날 비가 오기 시작했는데 그 비는 그치지 않고 내리고 또 내렸다. 급류가 넘치고 거리는 물에 잠기고 집들은 떠내려갔다. 제자는 그의 아내를 꼭 붙잡았고 아이들을 어깨 위에 올려놓았다. 그는 떠내려가게 되자 "하나님, 저를 구해 주소서"라고 소리쳤다. 그러자 하나님은 "내가 부탁한 물잔은 어디 있는가?"라고 말했다.

이 이야기가 훌륭한 이야기인 이유는 우리들 대부분이 시간의 관점에서 모든 것을 생각하기 때문이다. 인간은 시간에 의해 산다. 미래를 만들어내는 것은 인간이 즐겨하는 도피의 게임이다.

우리는 자신 안의 변화가 시간 속에서 이룩된다고 생각하며, 자신 안에서의 질서가 조금씩 조금씩 이루어지고 하루하루 증가된다고 생각한다. 그러나 시간은 질서나 평화를 가져오지 않으며, 따라서 우리는 점진성(漸進性)의 관점에서 더 이상 생각하지 말아야 한다. 이것은 우리가 평화롭게 안주할 내일이 없음을 의미한다. 우리는 순간순간 질서 있게 살아가지 않으면 안 된다.

진짜 위험이 있을 때 시간은 사라진다. 그렇지 않은가? 거기엔 즉각적인 행동만이 있다. 그러나 우리는 많은 문제들의 위험을 알지 못하며 그래서 그것들을 극복하는 수단으로서 시간을 만들어낸다. 시간은 우리 자신들 속에 변화를 가져오는데 아무 도움도 되지 않는 사기꾼이다. 시간이란 인간이 과거 · 현재 · 미래로 나누어 놓은 운동에 불과하며, 그것을 쪼개는 한 인간은 항상 갈등 속에 있게 된다.

배운다는 것이 정말 시간의 문제일까? 우리는 수천 년이 지난 지금도 서로 증오하고 죽이는 것보다 더 나은 삶의 길이 있다는 것을 배우지 못했다. 이 삶이 지금 보는 것처럼 괴물스럽고 무의미하게 만드는 데 일조한 우리가, 이 삶을 변화시키고 문제를 해결하려면 시간의 문제를 이해해야 한다. 그것은 매우 중요하다.

맨 처음 이해해야 할 것은 우리가 이미 살펴본 마음의 신선함과 천진함을 가지고 보아야만 시간을 볼 수 있다는 점이다. 우리는 많은 문제들에 있어서 매우 혼란한 상태며 그 혼란 속에서 길을 잃고 헤매고 있다. 누군가 숲속에서 길을 잃었을 때, 그가 맨 처음 하는 일은 무엇인가? 우선 발을 멈추고 선다. 그리고 주위를 둘러본다. 그러나 삶 속에서 길을 잃었을 때 우리는 사방으로 좇아다니고, 찾아헤매고, 캐묻고, 요구하고, 구걸한다. 그러므로 나는 우선 내적으로 완전히 정지하라고 말하고 싶다. 내적으로, 심리적으로 정지한다면 당신의 마음은 매우 평화로워지고 아주 맑아진다. 그러면 당신은 이 시간의 문제를 정말 볼 수 있게 된다.

우리가 어떤 쟁점과 불완전하게 만날 때, 문제는 시간 속에서만 존재한다. 그 쟁점과의 불완전한 만남이 문제를 낳는다. 우리가 어떤 도전과 부분적으로, 단편적으로 만날 때 또는 그것에서 도피하려고 할 때, 즉 우리가 완전한 주의를 기울이지 않고 그것을 만날 때 우리는 문제를 초래한다. 그리고 계속적으로 불완전한 주의를 기울이는 한, 단 며칠 사이에 해결하고자 하는 한, 문제는 계속된다.

당신은 시간이 무엇인지 아는가? 시계에 의해서가 아니라, 연대순의 시간이 아니라, 심리적인 시간을 아는가? 그것은 생각과 행동의 간격이다. 생각이란 분명히 자기 보호를 위한 것이다. 즉 그것은 안전하려는 생각이다. 행동은 언제나 즉각적이다. 그것은 과거의 것도 아니고 미래의 것도 아니다. 행동은 언제나 현재 속에서 가능하지만, 행동이 너무나 위험하고 불확실한 나머지, 우리는 우리에게 어떤 안전함을 줄 것이라고 기대되는 생각에 순응한다.

자신 안에서 이것을 관찰해 보자. 당신은 옳고 그른 것에 대한 생각을 갖고 있고, 자신과 사회에 관한 이념적 개념을 갖고 있으며 그 생각에 따라 행동하려고 한다. 따라서 행동은 그 생각을 따르려 하고 그 생각에 다가가려고 한다. 그래서 거기엔 항상 갈등이 존재한다. 생각, 간격, 행동이 있다. 그리고 그 간격 속에 시간의 모든 것들이 들어 있다. 그 간격은 본질적으로 생각이다. 당신이 장차 행복해질 거라고 생각할 때, 당신은 시간 속에서 어떤 결과를 성취한 자신에 대한 이미지를 갖는다. 생각은 관찰을 통해서, 욕망을 통해서 그리고 한 걸음 더 나아간 생각에 의해 유지되는 끝없는 욕망을 통해서 이렇게 말한다.

"장차 나는 행복해질 거야. 장차 나는 성공할 거야. 장차 세상은 아름다운 곳이 될 거야."

그래서 생각은 시간인 그 간격을 만들어낸다. 그러면 우리는 묻는다. 시간을 멈추게 할 수 있을까? 내일 같은 것은 생각지도 않을 만큼 완전하게 살 수 있을까? 왜냐하면 시간은 슬픔이기 때문이다. 즉 어제 또는 수많은 어제로 되어 있는 지난날, 당신은 사랑했고 또는 지금은 가버린 친구를 가졌었다. 그리고 기억은 남아서 지금 당신은 그 쾌락과 고통에 관해 생각하고 있다. 당신은 돌이켜보고 원망(願望)하고 희망하고 후회하며 그래서 생각은 그것을 되풀이하면서 우리가 슬픔이라고 부르는 것을 키우고 시간에 연속성을 준다.

생각에 의해 키워진 이 시간의 간격이 있는 한, 거기엔 슬픔이 있고 계속된 공포가 있을 것이다. 그래서 어떤 사람은 이 간격이 끝날 수 있을까 하고 자문한다. 만일 당신이 "그것이 과연 끝날까"라고 말한다면, 그건 이미 하나의 생각이고 당신이 성취하고자 하는 어떤 것이며, 따라서 당신은 간격을 갖는 것이요 그래서 당신은 다시 붙잡히는 것이다.

그러면 사람들에게 중대한 문제인 죽음에 대해 생각해 보자. 당신은 죽음을 알며, 그것이 매일 당신 옆에서 함께 걷고 있다는 것을 안다. 당신이 죽음을 문제삼지 않을 만큼 완전하게 그것과 만날 수 있을까? 그렇게 만나려면 죽음에 관한 모든 신념과 희망과 공포가 끝나야 하며, 그렇지 않으면 당신은 어떤 결론, 이미지, 미리 생각한 불안을 가지고 그 별난 것을 만나야 하는데 그렇게 되면 당신은 시간과 더불어 그것을 만나고 있는 것이다.

시간은 관찰자와 관찰되는 것 사이의 간격이다. 즉 관찰자인 당신은 죽음이라고 불리는 것과 만나는 것을 두려워한다. 당신은 그것이 무엇을 뜻하는지 모른다. 즉 당신은 그것에 관한 모든 종류의 희망과 이론을 갖고 있다. 당신은 윤회나 부활을 믿으며 시간을 초월한 여러 다른 이름으로 불리는 정신적 실체, 즉 아트만(atman)을 믿는다. 그러면 당신은 영혼이 있는지의 여부를 스스로 알아낸 적이 있는가? 아니면 다른 사람들로부터 전해들은 생각인가? 생각을 넘어선 영속적이고 연속적인 어떤 것이 있는가? 만일 생각이 죽음에 관해 생각할 수 있다면 그것은 생각의 장(場) 안에 있으며, 따라서 그것은 영속적일 수가 없다. 왜냐하면 생각의 장 안에는 영속적인 것이 없기 때문이다. 영속적인 것이 없다는 발견은 엄청나게 중요한데, 왜냐하면 그래야만 마음이 자유로워지고 당자신을 볼 수 있으며 그러면 거기엔 커다란 기쁨이 있게 되기 때문이다.

당신이 모르는 것을 두려워할 수 없는 까닭은 당신이 그 모르는 것이 무엇인지를 모르기 때문이며, 따라서 아무것도 두려워할 게 없다. 죽음은 말이며, 공포를 낳은 것은 이 말이요, 이미지이다. 그러면 당신은 죽음의 이미지 없이 죽음을 볼 수 있는가? 생각이 솟아나는 원천인 이미지가 존재하는 한, 생각은 언제나 공포를 낳는다. 그러면 당신은 죽음의 공포를 합리화하고 그 불가피한 것에 대항하든가 아니면 당신을 죽음의 공포로부터 보호하기 위해 수많은 믿음들을 만들어낸다. 그러므로 당신과 당신이 두려워하는 것 사이에는 틈이 있다. 이 시공(時空)의 틈 속에 공포, 불안, 자기 연민인 갈등이 분명히 있을 것이다. 죽음의 공포를 키우는 생각은 이렇게 말한다.

"그걸 미루자, 그걸 피하자, 될 수 있는 대로 생각하지 말자."

그러나 당신은 생각하고 있다. 당신이 "나는 그걸 생각하지 않을 거야"라고 말할 때, 이미 당신은 그것을 어떻게 피할까를 생각한 것이다. 당신이 죽음을 두려워한 까닭은 당신이 그것을 뒤로 미루었기 때문이다.

우리는 죽음에서 분리된 삶을 살고 있으며, 삶과 죽음 사이의 간격이 바로 공포다. 그 간격, 그 시간은 공포가 낳은 것이다. 삶은 황홀한 바다로 향한 창을 가끔 여는 나날의 괴로움, 나날의 모욕 그리고 슬픔과 혼란이다. 우리는 그것을 삶이라고 부른다. 그리고 우리는 죽음을 두려워하는데, 죽음이란 고통과 불행의 그 비참함을 끝나게 하는 것이다. 우리는 모르는 것에 부딪치는 것보다는 아는 것—우리의 집, 우리의 가구, 우리의 가족, 우리의 성격, 우리의 일, 우리의 지식, 우리의 명성, 우리의 외로움, 우리의 신—에 매달린다. 그것들은 그것 자체의 쓰라린 실존의 틀에 갇혀서 그 속에서 끊임없이 맴돌고 있다.

우리는 삶은 항상 현재 속에 있고 죽음은 먼 시간 저쪽에서 우리를 기다리고 있다고 생각한다. 그러나 도대체 이 나날의 삶의 싸움이 삶인지 아닌지에 대해서는 물어본 적이 없다. 우리는 윤회에 관한 진실을 알고 싶어하고 영혼의 살아남음에 대한 증거를 원하며, 천리안(千里眼)의 주장과 심령 연구 결과에 귀를 기울이지만, 우리가 어떻게 살 것인가에 대해서는 결코 묻지 않는다.

우리는 고통과 절망이 있는 삶을 수락했고 그것에 익숙해졌으며, 죽음은 조심스럽게 피해야 할 어떤 것으로 생각한다. 그러나 우리가 어떻게 살아야 하는지를 알 때, 죽음은 삶과 매우 흡사하다. 당신은 죽음 없이 살 수 없다. 이것은 지적 역설이 아니다. 하루하루 마치 그것이 새로운 아름다움인 양 완벽하게 살려면 어제의 모든 것은 죽어야 한다. 그렇지 못하면 당신은 기계적으로 사는 것이고 기계적인 마음은 사랑이 무엇인지 또는 자유가 무엇인지 결코 알 수 없다.

우리는 산다는 것이 무엇을 뜻하는지 모르기 때문에 두려워한다. 우리는 어떻게 살아야 하는지를 모르며, 따라서 어떻게 죽어야 하는지도 모른다. 우리가 삶을 두려워하는 한 죽음을 두려워하게 될 것이다. 삶을 두려워하지 않는 사람은 불안전한 것을 두려워하지 않는다. 왜냐하면 그는 안전이 없다는 것을 내적으로, 심리적으로 이해하기 때문이다. 안전이 없으면 끝없는 움직임이 있으며 그래서 삶과 죽음은 같은 것이다. 갈등 없이 사는 사람, 아름다움과 사랑과 더불어 사는 사람은 죽음을 두려워하지 않는데, 왜냐하면 사랑한다는 것은 죽는다는 것이기 때문이다.

만일 당신이 가족, 기억, 당신이 아는 모든 것에 대해서 죽음을 택한다면, 그때의 죽음은 정화(淨化)이며 다시 젊어지는 과정이다. 그 죽음은 천진성을 가져오고, 오직 천진한 사람만이 정열적이다. 하지만 죽은 뒤에 일어나는 일을 믿거나 알아내고자 하는 사람들은 그렇지 못하다.

당신이 죽을 때 무슨 일이 일어나는지를 정말 알고 싶다면 당신은 죽어야 한다. 이것은 농담이 아니다. 당신은 죽어야 한다. 육체적으로가 아니라 심리적으로, 내적으로, 당신이 소중히 품어온 것들과 쓰라려 하는 것들에 대해서 죽지 않으면 안 된다. 만일 당신이 쾌락 가운데 하나에 대해서, 가장 작은 것과 가장 큰 것에 대해서 아무 강제나 논의 없이 자연스럽게 죽는다면, 당신은 비로소 죽는다는 것이 무엇을 뜻하는지 알게 될 것이다. 죽는다는 것은 완전히 마음을 비우는 것을 뜻하며, 그것의 일상적인 소망, 쾌락, 괴로운 격정들을 비우는 것이다. 죽음은 새로 태어나는 것이요 변화이며, 그 안에서 생각은 전혀 기능을 하지 못하게 된다. 왜냐하면 생각은 낡은 것이기 때문이다. 죽음이 있을 때 거기엔 완전히 새로운 어떤 것이 있다. 아는 것으로부터의 자유는 곧 죽음이며, 그러면 당신은 살고 있는 것이다.

열 번째 이야기

정말 사랑한다는 것은

"비가 내려 나뭇잎에서 여러 날 쌓인 먼지가 씻겨지듯이,
마음은 생각 없이, 강제 없이, 책 없이, 선생 없이 사랑을 만날 수 있을까?
말하자면 아름다운 황혼을 만나듯 사랑을 만날 수 있을까?"

관계에서 안전하고자 하는 것은 필연적으로 슬픔과 공포를 키운다. 안전을 찾는 것은 불안전을 부르는 것이다. 어떤 관계에서든 당신은 안전을 찾은 적이 있는가? 우리들 대부분은 사랑하고 사랑받는 것이 안전하기를 원하지만 각자가 자신의 안전한 길을 찾을 때 사랑이 있는가? 우리는 어떻게 사랑하는지를 모르기 때문에 사랑받지 못한다.

사랑이란 무엇인가? 나는 그 말이 쥛어진 것이 너무 많고 너무 더럽혀져 그 말을 선뜻 사용하고 싶지가 않다. 모든 사람이 사랑을 말한다. 모든 잡지와 신문 그리고 모든 선교사

가 끊임없이 사랑을 말한다. 나는 내 나라를 사랑하고, 나의 왕을 사랑하고, 나의 책을 사랑하고, 나의 재산을 사랑하고, 나의 쾌락을 사랑하고, 나의 아내를 사랑하고, 나의 신을 사랑한다. 사랑은 관념인가? 만일 그렇다면, 그것은 당신 좋을 대로 기르고 키우고 품고 난폭하게 취득하고 뒤틀려질 수 있다.

당신이 신을 사랑한다고 말할 때 그것은 무엇을 의미하는가? 그것은 당신이 자신의 상상력을 보호한다는 것을 뜻하며, 당신이 고상하고 신성하다고 생각하는 바에 의거한 어떤 형태의 '존경할 만함'을 걸치고 있는 당신 자신을 보호한다는 것을 뜻한다. 그래서 '나는 신을 사랑한다'라는 것은 완전한 난센스다. 당신이 신을 경배할 때 당신은 자기 자신을 경배하고 있는 것이며 그것은 사랑이 아니다.

우리가 사랑이라고 부르는 이 인간적인 것을 풀 수 없기 때문에 우리는 추상 속으로 도망친다. 사랑은 인간의 모든 어려움과 문제와 진통에 대한 궁극적인 해결책일 텐데, 그렇다면 우리는 어떻게 사랑이 무엇인지를 알 수 있을까? 그것을 다만 정의함으로써? 교회는 사랑을 이렇게 정의했고, 사회는 또 그렇게 정의했다. 하지만 거기에는 온갖 종류의 일탈과 남용이 있다. 누구를 숭배하는 것, 누구와 같이 자는 것,

정서의 교환, 사귐 등이 우리가 사랑으로서 뜻하고자 하는 것인가? 그것은 규범이자 패턴이었고, 또 너무나 개인적이고 감각적이고 제한된 나머지 종교인들은 사랑이 그것 이상의 어떤 것이라고 천명했다. 그들은 인간적 사랑이라고 하는 것 속에서 쾌락, 경쟁, 질투 그리고 소유하고 유지하고 구속하고 다른 사람의 생각을 간섭하려는 욕망 등을 본다. 그리고 이 모든 것의 복합성을 아는 나머지 그들은 신성하고, 아름답고, 순결하고, 썩지 않은 다른 종류의 사랑이 있어야 한다고 말한다.

세계 어디에서나 이른바 신성한 사람들은, 여자를 쳐다보는 것은 완전히 나쁜 것이라고 주장해 왔다. 그들은 성(性)에 탐닉하면 신에게 가까이 갈 수 없다고 말하며 비록 자기들이 그것에 사로잡혀 있다고 하더라도 그것을 무시해 버린다. 그들은 성욕을 거부하기 위해 자신의 두 눈을 빼버리고 혀를 잘라버리는데, 왜냐하면 그들은 지상의 모든 아름다움을 거부하기 때문이다. 그들은 자신들의 가슴과 마음을 굶주리게 하고 쇠약하게 했다. 그리고 인간을 탈수(脫水)시켰다. 그들은 아름다움이 여자와 관계되어 있기 때문에 아름다움을 인멸했다.

사랑을 신성한 것과 세속적인 것, 인간적인 것과 신적인 것으로 나눌 수 있는가? 아니면 오직 사랑만이 있을 뿐인가?

하나에 대한 것만 사랑이고 다수에 대한 것은 사랑이 아닌가? 만일 내가 "나는 당신을 사랑한다"라고 말한다면, 그것은 다른 사람에 대한 사랑을 배제하는 것인가? 사랑은 개인적인 것인가 아니면 비개인적인 것인가? 도덕적인가 비도덕적인가? 가족적인가 비가족적인가? 당신은 전 인류를 사랑하면서 특수한 개인을 사랑할 수 있는가? 사랑은 감정인가 정서인가? 사랑은 쾌락이고 욕망인가? 이 모든 질문은 우리가 사랑에 관한 관념을 갖고 있으며, 사랑이 어떠해야 하고 어떠하지 않아야 한다는 생각을 갖고 있음을 뜻한다. 그리고 우리가 살고 있는 문화에 의해 발전되어 온 패턴이나 관례에 대한 관념을 갖고 있다는 것을 의미한다.

그래서 사랑이 무엇이냐는 질문을 규명하려면 우선 수세기 동안 쌓여온 껍데기에서 사랑이 해방되어야 하며, 그것이 어떠해야 하고 어떠해서는 안 된다는 것에 대한 모든 관념과 이데올로기들을 제거해야 한다. 어떤 것을 '그래야 하는 것'과 '있는 그대로의 것'으로 나누는 것은 삶을 다루는 가장 기만적인 방법이다.

그러면 나는 우리가 사랑이라고 부르는 이 불꽃이 무엇인지를 어떻게 알아낼 것인가? 그것을 달리 표현하는 것이 아니라 그것이 그것 자체로서 무엇을 뜻하는지를 어떻게 알아낼까?

나는 먼저 교회, 사회, 부모와 친구들, 모든 사람과 모든 책이 말한 것들을 거부하려고 한다. 왜냐하면 그것이 무엇인지를 나 스스로 찾아내고 싶기 때문이다. 여기에 전 인류가 연관되는 엄청난 문제가 있고, 그것에 대한 수많은 정의가 있어 왔으며, 나는 이 순간 내가 좋아하고 즐기는 바에 따라 어떤 패턴이나 다른 틀에 사로잡혀 있다. 그러니 그것을 이해하려면 우선 나 자신을 자신의 편향과 편견에서 해방시켜야 되지 않겠는가? 나는 혼란스럽고, 나 자신의 욕망에 찢겨 있다. 그래서 자신에게 말한다.

"먼저 너 자신의 혼란을 정돈하라. 어쩌면 사랑이 아닌 것을 통해서 사랑이 무엇인지를 발견할 수도 있을 테니까."

정부는 "나라에 대한 사랑을 위해 가서 죽이라"고 말한다. 그것이 사랑인가? 종교는 "하나님을 사랑하기 위해 섹스를 포기하라"고 말한다. 그것이 사랑인가? 사랑은 욕망인가? 아니라고 말하지 말라. 왜냐하면 우리들 대부분이 그렇기 때문이다. 쾌락을 누리려는 욕망, 즉 감각들을 통해서, 성적 접촉과 만족을 통해서 얻어진 쾌락 말이다. 나는 섹스에 반대하지는 않지만, 그 속에 무엇이 포함되어 있는지를 안다. 섹스가 당신에게 순간적으로 주는 것은 자신의 완전한 포기이며, 그러고 나서 당신은 그 혼란과 더불어 원상태로 되돌아오게 된다. 당신은 아무 걱정도, 아무 문제도, 자아도 없는 그 상태가 자꾸 되풀이되기를 바란다. 당신은 아내를 사랑한다고 말한다. 그 사랑 속에서 성적 쾌락, 당신의 아이들을 돌보고 음식을 하는 사람을 집 안에 갖고 있다는 쾌락이 포함되어 있다. 당신은 그녀에게 의존한다. 그녀는 당신에게 그녀의 몸을 주었고, 그녀의 정서, 그녀의 격려, 어떤 안정감과 행복감을 주었다.

그러다가 그녀가 당신을 떠난다. 그녀가 싫증을 느끼거나 다른 사람과 도망가면, 당신의 정서적 균형은 깨지는데, 당신이 좋아하지 않는 이 교란은 질투라고 불린다. 그 속에는 고통, 불안, 증오, 폭력이 있다. 그래서 당신은 이렇게 말한다.

"네가 나한테 속해 있는 한 나는 너를 사랑하지만, 그렇지 않는 순간 나는 너를 증오하기 시작한다. 내가 성적 요구나 다른 요구들을 만족시키기 위해 너한테 의존하는 한 나는 너를 사랑하지만, 내가 원하는 바를 충족시키지 못하는 순간 나는 너를 싫어한다."

다시 말해 당신과 그녀 사이에는 적대감이 있고 분리가 있으며 그리고 당신이 그녀에게서 분리되어 있다고 느낄 때, 거기엔 사랑이 없다. 그러나 만일 당신이 그 모든 대립 상태나 자신 안에서의 끝없는 불평 없이 아내와 살 수 있다면, 그때 당신은 아마 사랑이 무엇인지 알게 될 것이다. 당신이 완전히 자유로우면 그녀도 자유롭지만, 당신이 자신의 모든 쾌락을 위해 그녀에게 의존한다면 당신은 그녀의 노예다. 사랑할 때는 자유가 있어야 하는데, 여기서 말하는 자유란 다른 사람으로부터의 자유가 아니라 자기 자신으로부터의 자유를 말한다.

이렇게 남에게 속해 있는 것, 다른 사람에 의해 심리적으로 키워지는 것, 남에게 의존하는 것에는 언제나 불안 · 공포 · 질투 · 죄의식이 있으며, 공포가 있는 한 사랑은 존재할 수 없다. 슬픔으로 찌든 마음은 사랑이 무엇인지 알 수 없을 것이다. 감상벽이나 주정주의(主情主義)는 사랑과 아무런 관계가 없다. 그러므로 사랑은 쾌락이나 욕망과 아무 관계가 없다. 사랑은 과거의 것인 생각의 산물이 아니다. 생각은 사랑을 심어 기를 수가 없다. 사랑은 질투와 양립하거나 질투에 사로잡힐 수 없는데, 왜냐하면 질투는 과거의 것이기 때문이다. 사랑은 언제나 능동적인 현재다. 그것은 '나는 사랑할 것이다' 라거나 '나는 사랑했다' 가 아니다. 만일 당신이 사랑을 알면 당신은 누구도 따르지 않는다. 사랑은 복종하지 않는다. 당신이 사랑할 때 거기엔 존경도 무례함도 없다.

어떤 사람을 정말 사랑하는 것이 무엇을 뜻하는지 당신은 모르는가? 증오 없이, 질투 없이, 분노 없이, 그가 행동하고 생각하는 바에 간섭하려고 하지 않고, 비난 없이, 비교 없이 사랑하는 것, 당신은 그것이 무엇을 뜻하는지 모르는가? 사랑이 있는 곳에 비교가 있는가? 당신이 어떤 사람을 온 마음을 다해, 온 심장을 다해, 온몸을 다해, 당신의 전 존재(存在)를 다해 사랑할 때, 거기에 비교가 있는가? 당신이 그 사랑에 자기 자신을 완전히 바칠 때 거기엔 다른 사랑이 있을 수 없다.

사랑은 책임이나 의무를 갖고 있는가? 그리고 거기에 그 말들이 합당한가? 당신이 무슨 일을 의무적으로 할 때, 거기엔 사랑이 들어 있는가? 의무 속에는 사랑이 없다. 사람이 묶여 있는 의무의 구조는 그를 파괴한다. 어떤 일을 의무이기 때문에 강제로 하는 한, 당신은 자신이 하고 있는 일을 사랑할 수 없다. 사랑이 있을 때, 거기엔 의무도 책임도 없다.

불행하게도 대부분의 부모들은 그들의 아이들에 대해 책임이 있다고 생각하며, 아이들에게 해야 할 것과 하지 말아야 할 것, 되어야 할 것과 되지 말아야 할 것을 얘기함으로써 자신들의 책임감을 드러낸다. 부모들은 아이들이 사회에서 안전한 지위에 있기를 원한다. 그들이 책임이라고 부르는 것은 그들이 숭상하는 그 지위의 일부분이다. 그들은 오로지 완벽한 부르주아가 되는 데 관심이 있을 뿐이다. 그들이 아이들을 사회에 맞도록 준비시킬 때 그들은 전쟁, 갈등, 잔인성을 지속시킨다. 당신은 그것을 보살핌과 사랑이라고 부르는가?

아무것도 찾지 않고 내적으로 완전히 침묵할 때,

거기엔 중심이 없다. 그러면 거기엔 사랑이 있다.

정말 보살핀다는 것은 나무나 식물을 보살피듯 물을 주고, 그것이 필요로 하는 것을 예의 검토하고, 그것을 위해 가장 좋은 토양을 조사하고, 친절과 부드러움으로 보살피는 것이다. 그러나 당신이 아이들을 사회에 맞도록 준비시킬 때, 당신은 그들이 죽임을 당하도록 준비시키고 있는 것이다. 만일 당신이 아이들을 사랑한다면 결코 전쟁을 하지 않을 것이다.

사랑하는 사람이 죽었을 때 당신은 눈물을 흘린다. 그것은 자신을 위한 것인가 아니면 다른 사람을 위해 우는 것인가? 다른 사람을 위해 울어본 적이 있는가? 전장에서 죽은 당신의 아들을 위해 운 적이 있는가? 눈물은 자기 연민에서 나온 것인가 아니면 인간이 살해되었기 때문인가? 만일 자기 연민 때문에 운다면 그것은 아무런 의미도 없다. 왜냐하면 당신은 자신에 관해 염려하고 있기 때문이다. 만일 당신이 커다란 애정을 준 사람을 여의었기 때문에 울고 있다면, 그것은 진짜 애정이 아니었다. 죽은 형제를 위해서 울 때 그를 위해서 울어라. 자신을 위해서 우는 것은 아주 쉬운 일이다. 왜냐하면 그는 죽었기 때문이다. 분명히 당신은 자신의 가슴이 감동하였기 때문에 우는 것이다. 그러나 그것은 그를 위해 감동한 것이 아니라 단지 자기 연민에 의해 감동한 것인데, 자기 연민은 당신을 굳어지게 하고 당신을 가두며 당신을 무디고 어리석게 만든다.

자기 자신을 위해서 울 때 그것이 사랑인가? 외롭기 때문에, 잊혀졌기 때문에, 더 이상 힘을 쓰지 못하기 때문에 우는 것, 팔자 한탄을 하고, 환경을 탓하며, 눈물 속에 항상 당신이 있는 울음, 그것이 사랑인가? 당신이 이러한 사실을 이해할 때, 즉 당신이 마치 나무나 기둥이나 손을 만지듯 그것과 직접적으로 접촉할 때, 당신은 슬픔이란 스스로 만들었다는 것, 슬픔은 생각이 낳았다는 것, 슬픔은 시간의 소산이라는 것을 알게 될 것이다. 나는 3년 전에 동생이 있었지만 지금은 없다. 그래서 나는 위안과 우애를 찾을 수 있는 사람이 아무도 없어서 외롭고 괴로워서 눈물이 난다.

자세히 관찰해 보면 당신은 자신 안의 그 모든 사태를 볼 수 있다. 그것을 분석하느라 시간을 보내지 않고도 충분히, 완전히, 한눈에 볼 수가 있다. 당신은 '나'라고 불리는 이 거짓되고 보잘것없는 것의 전 구조와 본질을 한순간에 볼 수 있으며, 나의 눈물, 내 가족, 내 나라, 나의 믿음, 나의 종교의 본질을 순식간에 볼 수 있다. 그 모든 추함이 당신 안에 들어있다. 당신이 그것을 마인드(mind, 기억 · 생각 · 의도 · 의견 · 느낌 등의 기능을 하는 것—옮긴이)가 아니라 하트(heart, 정서, 특히 사랑의 중심—옮긴이)로서 볼 때, 즉 그것을 가슴 밑바닥으로부터 볼 때, 비로소 당신은 슬픔을 끝나게 할 열쇠를 가진 것이다.

슬픔과 사랑은 병행할 수 없는데, 기독교에서는 고난을 이상화하여, 그것을 십자가에 얹어 놓고 예배하며 그 특별한 문을 통하지 않고는 고난을 피할 수 없다고 암시한다. 이것이 약점을 이용하는 종교 사회의 전 구조이다.

그리하여 당신이 사랑이 무엇인지를 물을 때, 당신은 너무 겁을 먹은 나머지 대답을 못할지도 모른다. 그것은 완전한 대변동을 뜻할 수 있다. 즉 그것은 가족을 깨뜨려 버릴 수 있다. 당신은 자신이 아내나 남편이나 아이들을 사랑하지 않는다는 것을 발견할 수도 있고, 당신이 지어 놓은 집을 산산이 부숴야 할지도 모르며, 다시는 사원에 가지 않게 될지도 모른다.

그러나 당신이 여전히 찾아내고자 한다면 당신은 공포는 사랑이 아니라는 것, 의존은 사랑이 아니라는 것, 질투는 사랑이 아니라는 것, 책임과 의무는 사랑이 아니라는 것, 자기 연민은 사랑이 아니라는 것, 사랑받지 못함에 대한 괴로움은 사랑이 아니라는 것, 겸손이 자만의 반대인 것만큼 사랑은 증오의 반대가 아니라는 것 등을 알게 될 것이다. 그리하여 당신이 이 모든 것을 없앨 수 있다면, 즉 강제로가 아니라 비가 나뭇잎에서 여러 날 쌓인 먼지를 씻어내듯이 그것들을 씻어낼 수 있다면, 비로소 당신은 인간이 항상 목마르게 찾는 그 기묘한 꽃을 만나게 될지도 모른다.

만일 당신이 사랑—얼마 안 되는 사랑이 아니라 아주 풍성한 사랑—을 얻지 못했다면, 만일 당신이 그것으로 가득 채워지지 않았다면 세상은 불행에 빠질 것이다. 당신은 인류의 조화와 통일이 아주 중요하다는 것과 사랑이 유일한 길이라는 것을 머리로는 알지만, 누가 당신에게 사랑하는 법을 가르칠 것인가? 어떤 권위, 어떤 방법, 어떤 체계가 당신에게 사랑하는 법을 가르칠 것인가? 만일 누가 당신에게 말한다면 그건 사랑이 아니다. 당신은 "나는 사랑을 연습할 거야. 나는 날마다 앉아서 그것에 관해 생각할 거야. 나는 친절하고 부드러워지도록 연습할 것이며, 다른 사람들에게 유의하도록 나를 다그칠 거야"라고 말할 수 있는가? 당신 스스로 사랑하는 훈련을 할 수 있고, 사랑에 대한 의지를 연습할 수 있다고 말하겠는가? 사랑에 대한 단련과 의지를 연습할 때, 사랑은 창밖으로 나가버린다. 사랑의 방법과 체계를 연습함으로써 당신은 엄청나게 영리해지거나 좀더 친절해지거나 또는 비폭력의 상태에 이를 수는 있겠지만, 그것은 사랑과 아무런 관계도 없는 것이다.

쾌락과 욕망이 가장 큰 역할을 하고 있기 때문에 이 찢기고 황폐한 세계에는 사랑이 없는데, 그럼에도 사랑 없는 당신의 일상생활은 아무 의미도 없다. 그리고 아름다움이 없다면 당신은 사랑을 가질 수 없다. 아름다움은 아름다운 나무, 아름다운 그림, 아름다움, 건물 또는 아름다운 여자와 같이 보이는 것이 아니다. 당신의 가슴과 마음이 사랑이 무엇인지를 알 때에만 아름다움은 있다. 사랑과 그런 의미의 아름다움 없이는 미덕이 없으며, 또한 당신이 사회를 개선하고 가난한 사람들을 먹이는 등 당신이 하고자 하는 바를 할 때, 당신은 더 많은 불행을 만들 것이라는 사실을 잘 알고 있다. 왜냐하면 사랑 없이는 당신의 마음에 오직 추함과 가난만이 있을 뿐이기 때문이다. 그러나 사랑과 아름다움이 있을 때, 당신이 하는 일은 모두 옳고 질서 있는 것이다. 만일 사랑하는 법을 안다면 당신은 자신이 좋아하는 바를 할 수 있게 된다. 사랑이 모든 다른 문제를 해소할 것이기 때문이다.

그렇다면 마음은 연습 없이, 생각 없이, 강제 없이, 책 없이, 선생이나 지도자 없이 사랑을 만날 수 있는가? 말하자면 아름다운 황혼을 만나듯 그것을 만날 수 있는가?

내 생각에는 한 가지가 절대적으로 필요한데, 그것은 동기 없는 정열이다. 즉 어떤 개입이나 집착의 결과가 아닌 정열, 탐욕이 아닌 정열이 무엇인지 모르는 사람은 결코 사랑을 알 수 없을 것이다. 왜냐하면 사랑은 완전한 자기 포기가 있을 때에만 존재할 수 있기 때문이다.

얻으려고 하는 마음은 정열적인 마음이 아니기 때문에 사랑을 얻으려는 노력 없이 사랑과 만나는 것이 그것을 찾는 유일한 길이다. 즉 모르는 사이에 그것을 만나며 어떤 노력이나 체험의 결과로서 그것을 발견하지 않는다는 뜻이다. 그런 사랑은 시간의 결과가 아님을 당신은 알게 될 것이다. 즉 그런 사랑은 개인적인 동시에 비개인적이며, 하나인 동시에 다수다. 향기로운 꽃처럼 당신은 냄새를 맡을 수 있고 또 그 옆으로 지나갈 수도 있다. 그 꽃은 모든 사람을 위한 것으로, 그것을 깊이 들이마시려 애쓰고 기쁨으로 그것을 보는 사람을 위한 것이다. 누가 정원에 아주 가까이 있든 아니면 아주 멀리 있든 꽃에게는 마찬가지인데, 그 이유는 그것이 향기로 가득 차 있기 때문이며 그래서 모든 사람과 나눌 수 있기 때문이다.

사랑은 새롭고, 신선하고, 살아 있는 것이다. 그것은 어제도 없고 내일도 없다. 생각의 혼란 저편에 있다. 사랑이 무엇인지 아는 것은 천진한 마음뿐이며, 이 천진한 마음은 천진하지 않은 이 세상에서 살 수 있다. 희생, 경배, 관계, 섹스 그리고 모든 종류의 쾌락과 고통을 통해 끊임없이 찾아온 그 비범한 것을 발견하는 일은, 생각이 그것 자체를 이해해서 자연스럽게 끝이 날 때에만 가능하다. 그렇게 되면 사랑은 대립을 갖지 않고 갈등도 갖지 않는다.

당신은 이렇게 물을지도 모른다.

“내가 그런 사랑을 발견하면 내 아내와 내 아이들과 내 가족에게 무슨 일이 일어나는가? 그들은 안전해야 하는데.”

그런 질문을 한다면 당신은 생각의 영역, 의식의 영역 밖으로 나간 일이 없는 것이다. 일찍이 그 영역 바깥에 있었다면 당신은 그런 질문을 하지 않을 것이다. 왜냐하면 영역 밖으로 나갔었다면 사랑—그 속에는 아무 생각도 없고 따라서 시간도 없는—이 무엇인지 알 것이기 때문이다. 진정으로 생각과 시간을 초월하는 것—이것은 슬픔을 초월하는 걸 뜻하는데—은 사랑이라는 다른 차원이 있음을 아는 것이다.

그러나 당신은 그 비상한 샘을 어떻게 찾아내야 할지 모른다. 그렇다면 당신은 무엇을 해야 하는가? 무엇을 해야 할지 모르면 당신은 아무것도 하지 않는다. 그렇지 않은가? 전혀 아무것도. 그러면 당신은 내적으로 완전히 침묵한다. 그것이 무엇을 뜻하는지 당신은 아는가? 그것은 당신이 찾지 않고, 원하지 않고, 얻으려고 하지 않는다는 것을 뜻한다. 거기엔 전혀 중심이 없다. 그러면 거기엔 사랑이 있다.

열한 번째 이야기

'있는 그대로' 바라보기

"관찰자나 관찰되는 것이 모두 침묵 상태에 있을 때
그 침묵 속에는 전혀 다른 아름다움이 있다.
거기엔 자연도 관찰자도 없다. 있는 것은 완전히 고독한 마음 상태뿐이다.
그것은 고립이 아닌 고요 속의 고독이며 그 고요가 아름다움이다."

지금까지 우리는 사랑의 본질을 물어왔고, 이제 중요한 대목에 이르렀다는 생각이 든다. 말하자면 그 문제에 대한 더 철저한 천착과 더 큰 인식이 필요한 지점에 이르렀다는 얘기이다. 우리는 대부분의 사람에게 사랑이 위안, 안전, 여생 동안 계속적인 감정적 만족을 주는 보장 등을 의미한다는 것을 알았다. 그런데 나 같은 사람이 와서 "그게 정말 사랑인가?" 하고 물으면서 자신의 내면을 들여다보라고 요구하면 당신은 그것이 아주 귀찮은 일이기 때문에 보려고 하지 않는다. 그러기보다는 영혼이나 정치 · 경제 상황에 대해 토론하려고 한다. 그러나 막상 들여다보면, 당신은 자신이 항상 사랑이라고 생각했던 것이 전혀 사랑이 아님을 깨달을 것이다. 즉 그것은 상호 만족이며, 상호 착취라는 것을 깨달을 것이다.

내가 "사랑은 내일도 어제도 갖고 있지 않다"라고 말할 때, 그 말이 나에게는 정말이지만 당신에게는 그렇지 않다. 당신은 그것을 인용하고 어떤 공식으로 만들 수 있겠지만 그것은 타당성이 없다. 당신은 자신을 위해 그것을 알아야 한다. 그러나 그러기 위해서는 보는 자유, 모든 비난 · 모든 판단 · 모든 동의와 반대로부터의 자유가 있어야 한다.

보는 것은 인생에서 가장 어려운 일 가운데 하나며—듣는 것도 그렇다—보는 것과 듣는 것은 같은 것이다. 만일 당신의 눈이 근심 걱정으로 가득 차 있다면, 당신은 황혼의 아름다움을 볼 수 없다. 우리들 대부분은 자연과의 접촉을 잃었다. 문명은 점점 대도시를 향해 가고 있다. 우리는 점점 더 도시인이 되어가고 있고, 밀집한 아파트촌에서 살고 있으며, 저녁 하늘이나 아침 하늘을 바라볼 공간조차도 거의 없다. 따라서 우리는 상당한 아름다움과의 접촉을 잃고 있다. 우리가 해 뜨는 거나 해지는 것, 달빛 또는 물 위의 빛의 반사를 얼마나 보지 못하며 살고 있는가에 대해 당신은 주목해 본 적이 있는가?

자연과 접촉을 하지 않게 되면 우리는 자연히 지적 능력을 발전시키게 된다. 수많은 책을 읽고, 수많은 미술관과 연주회를 가고, 텔레비전을 보며 그 밖에 여러 가지 오락을 즐긴다. 우리는 끊임없이 다른 사람의 생각을 인용하고 예술에 관해 많은 생각과 말을 한다. 왜 우리는 예술에 그다지도 의존하는 것일까? 그것은 도피의 한 형태이자 자극의 한 형태인가? 만일 당신이 자연과 직접 접촉한다면, 나는 새를 보고, 하늘의 모든 아름다움을 보고, 언덕 위의 그림자들을 보거나 다른 사람의 얼굴에서 아름다움을 본다면, 당신은 어떤 그림을 보기 위해 미술관에 가고 싶을 것이라고 생각하는가? 아마도 주위의 모든 사물을 바라보는 법을 모르기 때문에 더 잘 보기 위한 자극을 얻으려고 약물에 의지하는 것이리라.

매일 아침 제자들에게 이야기를 해주던 종교 교사가 있었다. 어느 날 아침 강당에 올라가 막 얘기를 시작하려고 하는데 작은 새 한 마리가 들어와 창가에 앉더니 노래하기 시작했다. 그 새는 온 가슴을 다해 노래했다. 그러다가 노래를 그치고 날아가 버리자 선생은 말했다.

"오늘 아침 설법은 이것으로 끝났습니다."

내가 보기에 우리의 가장 커다란 어려움 가운데 하나는 우리가 '정말로 분명히 보는 일'이다. 그것은 바깥 사물뿐만 아니라 내적 삶에 대해서도 그렇다. 우리가 나무나 꽃이나 사람을 본다고 말할 때, 우리는 정말 그들을 보는 것일까 아니면 그 말들이 만들어낸 이미지를 보는 것일까? 즉 당신이 나무를 보거나 어느 날 저녁 빛나는 구름을 보면서 기뻐할 때, 당신은 그것을 단지 눈이나 머릿속으로 보는 것이 아니라 정말로 전적으로 보는 것일까?

당신은 가령 나무 같은 객관적 사물을 아무런 연상작용 없이, 그것에 관해 당신이 갖고 있는 지식도 없이, 아무런 편견이나 판단 없이, 그것을 있는 그대로 보지 못하게 하는 어떠한 말도 없이 그것을 본 적이 있는가? 없다면 그렇게 해보라. 그리고 자신의 존재를 다해, 자신의 에너지 전부를 기울여 나무를 볼 때 실제로 무슨 일이 일어나는지를 보라. 그 강렬함 속에서 당신은 관찰자가 전혀 없다는 사실을 알게 될 것이다. 즉 오직 주의력만이 있을 뿐이다. 부주의가 있을 때 거기엔 관찰자와 관찰되는 것이 있다. 당신이 어떠한 것을 완전한 주의력을 가지고 볼 때, 거기엔 개념, 공식 또는 기억이 끼여들 만한 여지가 없다. 이것은 이해를 하는 데 매우 중요한 점이다. 왜냐하면 우리는 지금 매우 조심스런 연구가 필요한 어떤 것을 구명하려 하고 있기 때문이다.

완전한 자기 포기와 함께 나무나 별 또는 반짝이는 강물을 보는 마음만이 아름다움이 무엇인지를 알며, 우리가 정말로 보고 있을 때 우리는 사랑의 상태에 있게 된다. 흔히 비교를 통해서 또는 사람들이 짜맞춰 놓은 생각을 통해서 아름다움을 아는데, 이것은 우리가 아름다움을 어떤 대상에서 비롯된다고 생각하고 있다는 뜻이다. 내가 어떤 건물을 보고 아름답다고 생각하는 까닭은 건축에 대한 나의 지식과 더불어 그 건물을 그전에 보아온 다른 건물들과 비교하기 때문이다.

그러나 이제 나는 스스로에게 묻는다.

"대상 없는 아름다움이 있을까?"

검열관이며 경험자이며 사고자인 관찰자가 있을 때, 아름다움은 외적인 어떤 것, 관찰자가 보고 판단하는 어떤 것이기 때문에 거기엔 아름다움이 없다. 그러나 관찰자가 없을 때—이런 상태가 되려면 상당한 정도의 명상과 탐구가 요구되지만—비로소 대상 없는 아름다움이 있다.

아름다움은 관찰자와 관찰되는 것의 전적인 포기가 있을 때 존재하며, 자기 포기는 완전한 엄격함이 있을 때에만 가능하다. 이 엄격함이란 성직자의 그것처럼 가혹함, 제재, 규칙, 순종이 아니고, 옷, 생각, 음식 그리고 행위의 엄격함도 아니다. 완벽한 겸손함으로 완전히 순진하게 되는 엄격함을 말한다. 그럴 때 거기엔 성취도 없고 올라가기 위한 사다리도 없다. 즉 거기엔 첫발만이 있을 뿐이며 이 첫발이 영원한 걸음인 것이다.

가령, 당신이 혼자 걷고 있거나 누구와 같이 걷고 있다가 하던 말을 멈췄다고 하자. 당신은 자연에 둘러싸여 있고, 거기엔 개 짖는 소리도, 차 지나가는 소리도, 새가 나는 소리조차도 없다. 당신은 전혀 말이 없고 주위의 자연도 전혀 말이 없다. 관찰자나 관찰되는 것이 다 같이 그런 침묵 상태에 있을 때—관찰자가 자기가 관찰한 것을 생각으로 해석하지 않을 때—그 침묵 속에는 전혀 다른 아름다움이 있다. 거기엔 자연도 관찰자도 없다. 있는 것은 완전히 고독한 마음 상태뿐이다. 그것은 고립이 아닌 고요 속의 고독이며 그 고요가 아름다움이다. 당신이 사랑할 때, 거기 관찰자가 있는가? 사랑이 욕망이고 쾌락일 때에만 관찰자가 있다. 욕망과 쾌락이 사랑과 결부되지 않을 때, 사랑은 강렬하다. 그것은 아름다움과 마찬가지로, 매일매일 완전히 새로운 어떤 것이다. 이미 말한 것처럼 그것은 어제도 내일도 없다.

아무런 선입견이나 이미지 없이 볼 때에만 우리는 삶 속의 어떤 것과 직접적인 접촉을 할 수 있다. 우리의 모든 관계는 사실 가공의 것들이다. 다시 말해 생각에 의해 형성된 이미지에 기초해 있다. 만일 내가 당신에 관한 이미지를 갖고 있고 당신은 나에 대한 이미지를 갖고 있다면, 우리는 서로 있는 그대로의 우리를 전혀 보지 못한다. 우리가 보는 것은 우리가 서로에 관해 만든 이미지이며, 이것은 우리로 하여금 접촉하지 못하게 하는 것으로서 우리의 관계를 그르치게 한다.

내가 당신을 안다고 말할 때, 그것은 내가 어제의 당신을 알았다는 얘기다. 나는 지금의 당신을 모른다. 내가 아는 것은 당신에 대한 이미지일 따름이다. 그 이미지는 당신이 나를 찬양하거나 모욕하려고 한 말, 당신이 나에게 한 일 등으로 짜맞춰진 것이고—내가 당신에 대해 갖고 있는 모든 기억으로 짜맞춰진 것이다—당신이 나에 대해 갖고 있는 이미지 또한 같은 방식으로 짜맞춰진 것이다. 관계를 갖는 것은 그 이미지들이며, 이것으로 인해 우리는 진정한 하나가 되지 못한다.

오랫동안 같이 산 두 사람은 서로에 대한 이미지를 갖고 있는데, 그것이 그들의 진정한 관계를 막는다. 만일 우리가 관계를 이해한다면 우리는 협력할 수 있지만, 이미지나 상징 또는 이념적 생각들을 통해서는 협력할 수가 없다. 서로의 참된 관계를 이해할 때에만 사랑의 가능성이 있으며, 우리가 이미지들을 가질 때 사랑은 사라진다. 따라서 당신이 어떻게 해서 당신의 아내, 남편, 이웃, 아이, 나라, 지도자들, 정치가들, 신들에 대한 이미지를 만들었나 하는 것을 이해하는 것이 중요한데, 그것도 머릿속으로가 아니라 당신의 나날의 삶 속에서 진정으로 이해하는 것이 중요하다. 당신은 이미지들 이외에 아무것도 갖고 있지 않은 것이다.

이 이미지들이 당신과 당신이 보는 것 사이에 간격을 만들고 그 간격 속에는 갈등이 있게 된다. 그래서 우리가 지금 알아내려고 하는 것은 우리 자신의 바깥뿐만 아니라 안에서 만드는 간격, 사람들을 그들의 모든 관계에서 갈라놓는 간격으로부터 우리가 자유로울 수 있는가 하는 것이다.

그런데 당신이 어떤 문제에 쏟는 주의력 바로 그것이 문제를 푸는 에너지다. 당신이 자신의 완전한 주의력을 기울일 때, 즉 자신의 모든 것을 기울일 때 거기엔 관찰자가 없다. 거기엔 순전한 에너지로서의 주의 상태가 있을 뿐이며, 그 순전한 에너지는 총명의 가장 높은 형태다. 그런 마음의 상태는 당연히 완전한 침묵일 것이며, 그 침묵, 그 고요—훈련된 고요가 아니라—는 완전한 주의력이 있을 때 찾아온다. 관찰자도 관찰되는 것도 없는 그 완전한 침묵이 종교적 정신의 가장 높은 형태다. 그러나 그런 상태에서 일어난 일을 말로 표현할 수는 없다. 왜냐하면 말로 발설된 것은 사실이 아니기 때문이다. 당신 스스로 발견하려면 당신이 그것에 통달해야 한다.

모든 문제는 그 밖의 다른 모든 문제들과 관련되어 있어서 당신이 한 가지 문제—그것이 무엇이든 상관없다—를 완전히 풀 수 있다면, 당신은 그 밖의 다른 모든 문제들도 쉽게 풀 수 있다는 것을 알게 될 것이다. 물론 심리적 문제들을 말하고 있는 것이다.

우리는 이미 어떤 문제가 시간 속에서만 존재한다는 것 그리고 그것은 우리가 문제를 불완전하게 만나기 때문이라는 것을 알았다. 그러므로 우리는 그 문제의 본질과 구조를 알고 그것을 완전히 보아야 할 뿐만 아니라, 문제가 생겨났을 때 그것을 즉각적으로 해결함으로써 그것이 우리 마음에 뿌리내리지 못하게 해야 한다. 만일 누가 어떤 문제를 안고 한 달이나 하루 또는 심지어 몇 분을 견딘다면, 그것으로 인해 마음은 일그러질 것이다. 그렇다면 문제를 아무런 뒤틀림 없이 즉각적으로 만나는 일이 가능한 일일까? 즉각적으로 그것에 대해 완전히 자유로울 수 있을까? 그래서 마음속에 기억도, 아무런 생채기도 남기지 않을 수 있을까? 그 기억들이란 우리가 지니고 다니는 이미지들이고 이 이미지들은 우리가 삶이라고 부르는 범상치 않은 것을 만나기 때문에 거기엔 모순과 갈등이 있게 된다. 삶은 아주 현실적인 것—삶은 추상이 아니다—이며 당신이 이미지로서 그것을 만날 때 여러 문제들이 생긴다.

이러한 시공(時空)의 간격 없이, 자신과 자신이 두려워하는 것 사이의 간격 없이 모든 문제를 만날 수 있을까? 그것은 관찰자가 아무런 연속성도 갖고 있지 않을 때에만 가능한데, 그 관찰자란 이미 여러 이미지들을 만들어 갖고 있는 사람이고 기억과 생각의 퇴적이며 여러 추상의 묶음이다.

당신이 하늘의 별을 바라볼 때, 거기엔 하늘의 별들을 바라보고 있는 당신이 있다. 하늘은 빛나는 별들로 넘치고 서늘한 공기가 있으며 그리고 당신이 있다. 즉 관찰자이고 경험자이고 사고자이며 활동하는 심장을 갖고 있는 당신, 중심이며 공간을 만들어내는 당신이 있다. 당신은 당신과 별들 사이의 거리(공간), 당신과 아내, 남편 또는 친구 사이의 거리를 이해하지 못할 것이다. 왜냐하면 당신은 이미지 없이 무엇인가를 본 적이 없기 때문이다. 그리고 아름다움이 무엇인지 또는 사랑이 무엇인지를 당신이 모르는 데에는 이유가 있다. 당신은 그것에 관해 말하고 그것에 관해 쓰지만, 드물게 완전히 자기 포기할 때를 제외하면 당신은 그것에 대해 안 적이 없을 것이다. 그것 주위에 공간을 만들어내는 중심이 있는 한, 거기엔 사랑도 아름다움도 없다. 아무 중심도 아무 주위도 없을 때 사랑이 있고, 당신이 사랑할 때 당신이 아름다움이다.

상대편의 얼굴을 볼 때 당신은 중심에서 보고 있는 것이며, 그 중심이 사람과 사람 사이에 거리를 만들어내어 우리의 삶이 이다지도 공허하고 무감각한 것이다. 당신은 사랑이나 아름다움을 경작할 수 없고 진리를 만들어낼 수도 없지만, 만일

서로의 참된 관계를 이해할 때에만 사랑이 있으며,

우리가 서로에 대한 이미지를 갖는 순간 사랑은 사라진다.

항상 자신이 하고 있는 바를 안다면, 당신은 앎을 경작할 수 있으며 그 앎으로 인해 쾌락, 욕망, 슬픔, 완전한 고독, 인간의 권태의 본질을 알기 시작할 것이다. 그리고 그때 당신은 '거리(공간)' 라고 불리는 것과 만나기 시작하는 것이다.

당신과 당신이 바라보는 것 사이에 거리가 있을 때 거기엔 사랑이 없다는 것을 알게 될 것이다. 그리고 아무리 당신이 세계를 개혁하려 하거나 새로운 사회 질서를 가져오려고 해도 또는 아무리 당신이 개선에 관해 말한다고 해도, 사랑이 없다면 당신은 단지 심한 괴로움만 만들어낼 것이다. 결국 모든 것은 당신에게 달려 있는 것이다. 지도자도 없고 선생도 없으며 당신에게 해야 할 일을 말해줄 사람은 아무도 없다. 당신은 이 광적으로 잔인한 세계에 홀로 서 있다.

열두 번째 이야기

내가 바라보는 것들

"왜 당신은 무엇인가를 해야 하는가?
만일 그 어떤 것이 당신이라면, 당신은 무엇을 할 수 있는가?
당신은 그것에 대항할 수도 도피할 수도 받아들일 수도 없다.
거기엔 좋아함이나 싫어함도, 어떠한 갈등도 없다."

나와 함께 좀더 가주기 바란다. 문제가 한결 복잡하고 미묘할지도 모르지만 계속 구명해 보도록 하자.

당신에 관한 또는 어떤 것에 관한 이미지를 만들 때 나는 그 이미지를 볼 수 있으며, 그래서 이미지와 그 이미지를 보는 자가 있게 된다. 예컨대 내가 붉은 셔츠를 입은 사람을 볼 때 나의 즉각적인 반응은 내가 그것을 좋아하거나 좋아하지 않는다는 것이다. 그 좋아함과 좋아하지 않음은 나의 문화, 훈련, 연상, 취향, 선천적 · 후천적인 개성의 결과이다. 나는 그 중심에서 보고 판단하며, 따라서 관찰자는 그가 보는 것으로부터 떨어져 있게 된다.

그러나 관찰자는 하나 이상의 이미지를 알고 있다. 즉 그는 수많은 이미지를 만들어낸다. 그러나 관찰자는 그 이미지들과 다른가? 그 역시 또 하나의 이미지가 아닌가? 그는 항상 있는 그대로의 자기에 대해 보태거나 빼고 있다. 그는 바깥과 안으로부터의 압력 때문에 항상 저울질하고, 비교하고, 판단하고, 가감하고, 변경하는 동물이다. 그는 지식과 영향, 그리고 무수한 계산인 의식의 범위 안에 살고 있다.

동시에 당신이 관찰자인 자기 자신을 바라볼 때, 자신이 기억, 체험, 사건, 영향, 전통, 여러 형태의 수많은 고통 등 과거의 것들로 이루어져 있음을 알게 된다. 따라서 관찰자는 과거이자 현재이며 기다리고 있는 미래 역시 그의 일부다. 그는 반은 살아 있고 반은 죽어 있으며, 이 죽음과 삶을 가지고—죽은 잎과 산 잎을 가지고—모든 것을 바라본다. 그리고 그러한 마음 상태—그것은 시간의 범위 안에 있는데—속에서 관찰자인 당신은 공포, 질투, 전쟁, 가족—가족이라고 불리는 그 추하게 폐쇄된 실재—을 보며, 도전이며 새로움인 그 관찰된 것의 문제를 풀려고 한다. 당신은 항상 새로운 것을 낡은 말로 표현하려 하며 그래서 당신은 영원히 갈등 속에 있게 된다.

관찰자는 그의 주위와 그의 안에 있는 다른 이미지들을 보면서 "나는 이 이미지를 좋아해, 나는 이걸 간직할 거야"라고 말하거나 "나는 그 이미지를 싫어하니까 그걸 버려야겠어"라고 말하지만, 관찰자 자신은 여러 가지 다른 이미지들에 대한 반응을 통해 생긴 다양한 이미지들에 의해 짜맞춰진 존재인 것이다. 그래서 우리는 이렇게 말할 수 있다.

"관찰자 역시 이미지로서, 그는 다만 자신으로부터 분리되어 바라보고 있을 따름이다. 여러 가지 다른 이미지들을 통해 존재하게 된 이 관찰자는 자신을 영원한 것으로 생각하며, 자신과 그가 만들어낸 이미지들 사이에 하나의 경계, 시간적 거리를 만들었다. 이것이 그와 그가 자신의 고민의 원인이라고 믿는 이미지들 사이에 갈등을 만들어낸다. 그래서 그는 '이 갈등을 없애야겠어' 라고 말하지만, 그 갈등을 없애려는 욕망이 바로 또 하나의 이미지를 낳는다."

이 모든 것을 앎으로써—이것이 참된 명상인데—모든 다른 이미지들에 의해 짜맞춰진 중심 이미지가 있다는 것이 드러났으며, 이 중심 이미지, 즉 관찰자는 검열관이고 경험자이고 평가자이며, 다른 이미지들을 정복하거나 종속시키거나 또는 완전히 파괴하고 싶어하는 심판자다. 그 다른 이미지들은 관찰자에 의한 판단, 견해, 결론의 결과며 관찰자는 모든 다른 이미지들의 결과다. 결국 관찰자는 관찰되는 자인 것이다.

그리하여 앎은 마음의 다른 상태들을 드러냈고, 여러 이미지와 그 이미지들 사이의 모순을 드러냈으며, 그에 따른 갈등과 그것에 관해 아무 일도 할 수 없다는 것에 대한 절망 그리고 그것에서 도피하려는 여러 시도들을 드러냈다. 이 모든 것이 조심스럽고 망설이는 앎을 통해 드러나자 관찰자가 관찰되는 것이라는 인식이 생긴다. 이것을 알게 된 자는 어떤 우월한 실재가 아니며 어떤 높은 자아도 아니다. 우월한 실재, 높은 자아 등은 만들어낸 것이며 한술 더 뜬 이미지에 지나지 않는다. 관찰자가 관찰되는 자라는 것을 드러낸 것은 앎 자체이다.

당신은 자문할지도 모른다. 그럼 그 해답을 얻으려고 하는 실재는 누구인가? 그리고 알려고 하는 실재는 누구인가?

만일 그 실재가 의식의 일부, 생각의 일부라면, 해답을 찾는 것은 불가능하다. 그것이 알아낼 수 있는 것은 앎의 상태일 뿐이다. 그러나 그 앎의 상태 속에 여전히 "나는 알아야 해, 나는 앎을 연습해야 해"라고 말하는 실재가 있다면, 그것은 다시 또 하나의 이미지다.

관찰자가 관찰되는 자라는 이 인식은 관찰되는 자와의 동일화 과정이 아니다. 우리들 자신을 어떤 것과 동일화하는 것은 아주 쉬운 일이다. 우리들 대부분은 우리 자신을 어떤 것—가족, 남편이나 아내, 나라 등—과 동일시하는데, 그것은 커다란 불행과 큰 전쟁을 낳는다. 우리는 어떤 것을 전혀 다르게 생각하고 있으며, 우리는 그것을 말로서가 아니라 우리의 핵심, 우리 존재의 뿌리에서 이해하지 않으면 안 된다.

옛 중국에서는 화가가 어떤 것, 예컨대 나무를 그리기 전에 며칠이든 몇 달이든 몇 년이든 상관하지 않고 그 앞에 앉아서 그가 그 나무일 때까지 앉아 있었다는 얘기가 있다. 그는 자신을 나무와 동일화한 것이 아니라 그가 곧 나무였다. 이것은 그와 나무 사이에 공간이 없었다는 것을 뜻하며, 관찰자와 관찰되는 것 사이에 거리가 없었다는 것, 아름다움 · 움직임 · 그림자 · 잎의 깊이 · 색깔의 질(質) 따위를 체험하는 체험자가 없었다는 것을 뜻한다. 그는 완전히 그 나무였고, 그런 상태에서만 그는 그릴 수가 있었다.

만일 그가 관찰자가 관찰되는 자라는 사실을 깨닫지 못했다면, 관찰자의 모든 움직임은 단지 또 다른 일련의 이미지를 만들 뿐이며 그는 다시 그것들 속에 갇힐 따름이다. 그러나 관찰자가 관찰되는 자라는 사실을 관찰자가 알 때 무슨 일이 일어나는가? 천천히 아주 천천히 나아가야 한다. 왜냐하면 우리가 지금 천착하고 있는 것이 매우 복잡한 일이기 때문이다. 무슨 일이 일어나는가? 관찰자는 전혀 행동하지 않는다.

관찰자는 언제나 "나는 이 이미지들에 관해 뭔가를 해야 해, 나는 그것들을 억압하거나 그것들에게 다른 모습을 주어야 해"라고 말해왔다. 다시 말해 그는 관찰된 것에 대해 언제나 능동적이고 정열적이며 즉각적으로 반응했고, 관찰자 편에서의 좋아하는 행동과 좋아하지 않는 행동을 적극적인 행동이라고 불렀다. 이는 "나는 좋아한다. 그러므로 나는 붙잡아야 한다. 아니면 나는 좋아하지 않으니까 버려야 한다"라고 말하는 경우와 같다. 그러나 그가 행동하는 그것이 다름 아닌 그 자신임을 깨달을 때, 그 자신과 이미지 사이에는 아무런 갈등도 없다. 그가 그것인 것이다. 그는 그것과 떨어져 있지 않다. 그가 떨어져 있을 때 그는 그것에 관해 무엇인가 했거나 하려고 했지만, 그가 그것임을 깨달을 때 거기엔 좋아함이나 싫어함도, 어떠한 갈등도 없다.

왜 그는 무엇인가를 해야 하는가? 만일 그 어떤 것이 당신이라면, 당신은 무엇을 할 수 있는가? 당신은 그것에 대항할 수 없고 그것으로부터 도피할 수 없으며 그것을 받아들일 수조차 없다. 그것은 그냥 거기 있다. 그래서 모든 행동은 좋음과 싫음에 대한 반응의 결과로서 끝나게 된다.

그러면 당신은 엄청나게 생동적인 앎이 있다는 사실을 발견하게 된다. 그것은 어떤 중심 문제나 이미지에도 묶여 있지 않으며, 그 앎의 강렬함에서 아주 다른 수준의 주의력이 나온다. 따라서 마음은—왜냐하면 마음이 이 앎이기 때문에—엄청나게 민감해지고 고도로 총명해진다.

열세 번째 이야기

생각한다는 것은 무엇인가

"생각은 쾌락과 고통에 대한 무수한 기억들을 축적하고 있으며, 이 기억들로부터 생각은 다시 생겨난다. 그러므로 생각은 과거이며 언제나 낡은 것이다."

그러면 생각이란 무엇인가 하는 문제, 배려 · 논리 · 온전한 정신을 가지고 연습되어야 할 사고(思考)의 의의 그리고 전혀 의미없는 사고의 의의에 대해 탐색해 보기로 하자. 이것을 모르면 우리는 사고가 닿을 수 없는 훨씬 깊은 어떤 것을 이해할 수가 없다. 그러므로 생각이란 무엇인가, 기억이란 무엇인가, 생각은 어떻게 생겨나는가, 생각은 어떻게 우리의 모든 행동을 제약하는가 하는 복잡한 구조에 대해 이해하도록 해보자. 이 모든 것을 이해하면서 우리는 아마도 생각이 발견할 수 없는 어떤 것, 사고가 열어주지 못한 어떤 것과 만나게 될

지도 모른다.

왜 사고가 우리의 모든 생활 속에서 그다지도 중요하게 되었는가? 관념으로서의 사고, 뇌세포 속에 축적돼 있는 기억에 대한 반응으로서의 사고가 왜 중요하게 되었는가? 아마도 대부분의 사람들은 일찍이 그런 질문조차 묻지 않았을 것이다. 또 만일 물었다면 이렇게 말했을 것이다.

"그건 중요하지 않아. 중요한 건 감정이야."

그러나 당신이 그 둘을 어떻게 나눌 수 있는지 나는 잘 모르겠다. 만일 사고가 감정에 연속성을 주지 않으면 감정은 금방 꺼져 버린다. 우리의 일상생활 속에서, 우리의 고되고 지루하고 두려운 삶 속에서, 왜 생각은 그렇게 어이없는 중요성을 갖는가? 내가 스스로 묻고 있는 것처럼 당신도 스스로에게 물어보라. 왜 우리는 생각의 노예인가—조직할 수 있는 교활하고 영리한 생각, 조절할 수 있고 어떤 일들을 시작할 수 있는 생각, 그 많은 것을 발명해 내고 그 많은 전쟁을 일으키고 그렇게 많은 공포와 불안을 낳은 생각, 끊임없이 이미지들을 만들어내고 또 그것 자체의 꼬리를 좇는 생각, 어제의 쾌락을 즐겼고 현재 속에서 그 쾌락에 연속성을 주었고 미래에도 그렇게 하게 될 생각, 항상 활동적이고 수다를 떨고 움직이고 구성하고 가져가고 보태고 가정하는 생각.

관념은 우리에게 행동보다 훨씬 더 중요한 것이 되었다. 여러 분야의 지성인들이 책 속에서 그렇게도 잘 표현하고 있는 관념 말이다. 그 관념들이 교활하고 기묘할수록 우리는 그것들을 숭배하고, 그것들이 담겨 있는 책들을 숭앙한다. 우리가 그 책들이고, 우리가 그 관념들이며, 우리는 그것들로부터 심한 제약을 받고 있다. 우리는 끊임없이 관념과 이상(理想)을 토론하고 있으며, 변증법적으로 견해를 내놓는다.

모든 종교가 그것 자체의 교리와 법식, 신에게 이르기 위한 그것 자체의 발판을 갖고 있으며, 생각의 처음을 문제삼을 때 우리는 그 관념이라는 전(全) 건축물의 중요성에 대해 묻는다. 우리는 관념을 행동에서 분리했는데, 왜냐하면 관념은 언제나 과거의 것이고 행동은 언제나 현재의 것이기 때문이다. 즉 삶은 언제나 현재다. 우리가 삶을 두려워하기 때문에 관념으로서의 과거가 우리에게 그렇게 중요하게 된 것이다.

어떤 사람의 사고 작용을 관찰하는 것, 그가 어떻게 생각하는가를 다만 관찰하는 것, 우리가 생각이라고 부르는 반작용이 어디서부터 솟아나는가를 관찰하는 일은 정말 흥미로운 일이다. 분명히 기억에서 솟아난다. 그렇다면 도대체 처음이란 것은 있는 것인가? 만일 있다면, 우리는 그 처음을 발견할 수 있는가? 그 처음이란 기억의 처음을 말한다. 왜냐하면 만일 기억이 없다면 우리에게 생각도 없을 것이기 때문이다.

우리는 어떻게 생각이 유지되고 우리가 과거에 가졌던 쾌락에 생각이 어떻게 연속성을 주는가를 알았으며 또 어떻게 생각이 쾌락의 반대인 공포와 고통을 유지하는지도 알았다. 그래서 경험자, 즉 사고자가 쾌락이고 고통이며, 쾌락과 고통에게 자양을 공급하는 실체라는 것을 알았다.

사고자는 쾌락을 고통에서 분리한다. 그는 쾌락을 요구함으로써 그가 고통과 공포를 초래하고 있음을 알지 못한다. 인간관계 속에서 생각은 항상 쾌락을 요구하는데, 생각은 이 쾌락을 충성, 줌, 도움, 유지, 봉사 등의 다른 말들로 대치한다. 왜 우리는 봉사하기를 원하는 것일까? 주고, 돕고, 봉사한다는 말들은 무엇을 의미하는가? 그것은 모두 무엇인가? 아름다움과 빛과 사랑스러움으로 가득 찬 꽃이 "나는 주고, 돕고, 봉사한다"라고 말하는가? 그것은 분명히 존재한다. 그리고 그것은 어떤 것도 하려고 하지 않기 때문에 이 땅을 덮고 있는 것이다.

생각이란 너무도 교활하고 영리하기 때문에, 모든 것을 그것 자체의 편리를 위해 왜곡한다. 생각은 쾌락에 대한 요구 속에서 그 자체의 속박을 초래한다. 생각은 우리의 모든 관계에서 이중성을 키운다—우리 안에는 쾌락을 주는 폭력이 있지만, 평화를 위한 욕망, 친절하고 부드러우려는 욕망도 들어 있다. 이것이 항상 우리의 삶 속에서 진행되고 있는 것이다.

생각은 우리 안에 이 이중성, 이 모순을 키울 뿐만 아니라 우리가 쾌락과 고통에 대해서 가졌던 무수한 기억들도 축적하고 있으며, 이 기억들로부터 생각은 다시 생겨난다. 그러므로 이미 말했다시피, 생각은 과거이며 언제나 낡은 것이다.

과거로 인해 모든 도전을 만나게 되므로—도전은 항상 새로운 것이니까—도전을 만나는 것은 언제나 완전히 부적절한 것이며, 따라서 우리는 모순, 갈등, 모든 불행과 슬픔의 상속자인 것이다. 우리의 작은 머리는 그것이 무슨 일을 하든지 간에 갈등 속에 있다. 그것이 열망하든, 모방하든, 순응하든, 정화하든 또는 자신을 확대하기 위해 약물을 복용하든지 간에 그것은 갈등 상태에 있으며 그래서 갈등을 낳을 것이다.

생각이 많은 사람은 매우 물질적인데, 왜냐하면 생각은 물질이기 때문이다. 마루, 벽, 전화들이 물질인 것과 마찬가지로 생각은 물질이다. 어떤 틀 속에서 일어나는 에너지 작용이 곧 물질이 된다. 에너지가 있는 곳에는 물질이 있다. 모든 삶이 그렇다. 우리는 생각이 물질이 아니라고 생각하기 쉽지만, 생각은 물질이다. 생각은 이데올로기처럼 물질이다. 에너지가 있는 곳에서 생각은 물질이 된다. 물질과 에너지는 상호 연관되어 있다. 하나는 다른 하나 없이 있을 수 없으며, 둘 사이가 조화로울수록 뇌세포들은 더 균형 있고 더 활동적이게 된다. 생각은 쾌락, 고통, 공포의 틀을 세워 놓았고 수천 년 동안 그 속에서 기능하고 있으면서 그것을 깨뜨리지 못하는데, 그 이유는 생각이 그 틀을 낳았기 때문이다.

어떤 새로운 사실이 생각에 의해 보여질 수 없다. 새로운 사실은 나중에 생각에 의해 언어상으로 이해될 수는 있지만, 새로운 사실의 이해는 생각에 대해 실재가 아니다. 생각은 어떤 심리적 문제도 풀 수 없다. 아무리 현명하고, 아무리 영악하고, 아무리 박식하고, 생각이 과학을 통해, 전자(電子) 두뇌를 통해, 강제나 필요성을 통해 구조를 만들어냈다 하더라도, 생각은 결코 새롭지 않으며, 따라서 그것은 어떤 중대한 질문에도 결코 대답할 수 없다. 낡은 두뇌는 살아 있는 삶의 엄청난 문제를 해결할 수가 없다.

생각은 무엇이든 만들어낼 수 있기 때문에 그리고 거기에 없는 사물을 보기 때문에 뒤틀려 있는 것이다. 그것은 가장 별난 트릭을 부릴 수 있기 때문에 의존할 것이 못 된다. 그러나 만일 당신이 자신의 생각하는 방식, 생각하는 이유, 사용하는 말, 일상생활에서의 행동방식, 사람들에게 말하는 방식, 사람들을 다루는 방식, 당신이 걷는 방식, 먹는 방식들의 모든 구조를 이해한다면 당신의 마음은 당신을 속이지 않을 것이고, 그래서 속아넘어가는 일도 없게 된다. 그렇게 되면 마음은 더 이상 무엇인가를 요구하고 예속시키는 것이 아니다.

그것은 비상하게 조용하고 유연하고 민감하고 고독하며, 그런 상태에서는 어떠한 속임수도 없다.

당신이 완전한 주의를 기울이는 상태에 있을 때, 관찰자, 사고자, 중심, '나'가 없어지는 것을 주목한 적이 있는가? 그러한 주의를 기울이게 되면 그 상태에서 생각은 시들기 시작한다.

만일 어떤 사물이나 현상을 아주 분명히 보고 싶다면, 마음이 모든 편견, 지껄임, 대화, 이미지, 그림 따위들 없이 아주 고요하지 않으면 안 된다. 즉 보기 위해서는 그것들을 치워버려야 한다. 그리고 당신이 생각의 처음을 볼 수 있는 것은 오직 침묵 속에서다. 그러므로 찾고 질문하고 대답을 기다릴 때는 볼 수가 없다. '생각의 처음은 무엇인가?'라는 질문을 하면서 존재의 구석구석까지 완전히 조용할 때에만, 당신은 그 침묵 속에서 생각이 어떻게 형성되는지를 보기 시작할 것이다.

생각이 어떻게 시작되는가를 알게 되면 생각을 통제할 필요가 없다. 우리는 학교에서뿐만 아니라 일생 동안 우리의 생각을 통제하느라고 많은 시간과 정력을 소모한다.

"이건 좋은 생각이니, 이것에 관해 많이 생각해야 해, 이건 추한 생각이니, 이걸 억제해야 해."

한 생각과 다른 생각, 한 욕망과 다른 욕망 사이에 항상 싸움이 계속되고, 한 쾌락이 다른 모든 쾌락을 지배한다. 그러나 생각의 시작에 대한 인식이 있으면, 생각 속에는 모순이 없게 된다.

그런데 당신이 "생각은 언제나 낡은 것이다"라거나 "시간은 슬픔이다"라는 말을 들을 때, 생각은 그것을 해석하고 설명하기 시작한다. 그러나 그 해석과 설명은 어제의 지식과 경험에 근거해 있기 때문에 당신은 늘 자신의 제약에 따라 해석하게 된다. 만일 당신이 그 진술들을 보면서 그것들을 전혀 설명하지 않고 단지 완전한 주의(attention)—집중(concentration)이 아니다—만을 기울인다면, 당신은 관찰자도, 관찰되는 것도 없으며, 생각하는 사람도, 생각도 없다는 것을 알게 될 것이다. "어떤 것이 먼저 시작됐는가?"라고 말하지 말라. 그것은 아무 결론도 나지 않는 약삭빠른 추론이다. 생각이 없는 한—이것은 기억 상실이나 백지 상태를 뜻하는 것이 아니다—과거의 것들인 기억, 체험, 지식에서 끌어낸 생각이 없는 한, 사고자가 없는 한, 당신은 자기 자신 안에서 보고 깨달을 수 있다. 이것은 철학적이거나 신비스러운 일이 아니다. 우리는 실재하는 사실들을 다루고 있는 것이며, 당신은 자신이 어떤 도전에 대해서, 낡은 머리로써가 아니라 완전히 새로 대응하게 되리라는 것을 알게 될 것이다.

열네 번째 이야기

어제의 짐들

"우리는 언제나 짐을 지고 다니면서도 그것을 잊어버리지 못한다.
오직 어떤 문제에 대해 완전한 주의를 기울이고
즉각적으로 해결할 때에만 고독이 있다.
그것은 아무 중심이나 공간, 시간이 없는 고요한 마음이다."

우리가 흔히 사는 삶 속에는 고독이 거의 없다. 혼자 있을 때조차도 우리의 삶은 그 많은 영향, 지식, 기억들, 불만, 불행, 갈등 따위로 붐비는 나머지 우리의 마음은 점점 더 무뎌지고, 무감각해지고, 단조롭게 반복되는 틀 속에서 기능하게 된다. 우리는 혼자인가 아니면 어제의 모든 짐들을 짊어지고 있는가?

두 수도사가 이 마을에서 저 마을로 돌아다니다가 강둑에서 울며 앉아 있는 한 아가씨를 만났다. 그래서 수도자 중 한 명이 그녀에게 다가가서 "자매여, 왜 울고 있습니까?"라고 물었다. 그녀는 말했다.

"강 건너 저 집 보이시지요? 저는 오늘 새벽에 저 강을 걸어서 건너왔는데, 지금은 물이 불어서 되돌아갈 수가 없어요. 배도 없구요."

그러자 수도사는 "전혀 걱정할 거 없어요"라고 말하고는, 그녀를 안아 올려 강을 건너가서 그쪽 강변에 내려놓았다. 그리고 나서 두 수도사는 계속 길을 갔다. 두어 시간이 지난 뒤에 다른 수도사가 말했다.

"우리는 여자와 절대로 접촉하지 않겠다고 서약했다. 그대가 한 일은 무서운 죄이다. 여자를 만지면서 그대는 쾌락이나 흥분을 느끼지 않았는가?"

그러자 다른 수도사가 대답했다

"나는 두 시간 전에 그녀를 내려놓았다. 그런데 그대는 아직도 그녀를 짊어지고 있군, 그래."

그것이 우리의 모습이다. 우리는 언제나 짐을 지고 다닌다. 우리는 짐들에 대해 결코 무심해지지 못하며 그것을 잊어버리지 못한다. 오직 어떤 문제에 대해 완전한 주의를 기울이고 그것을 즉각적으로 해결할 때에만, 즉 그것을 다음날이나 다음 순간으로 옮겨 놓지 않을 때에만 고독이 있다. 그러면 우리는 붐비는 집 안에 있거나 버스 안에 있을 때조차도 고독을 지니게 된다. 그리고 그 고독은 새로운 마음, 천진한 마음을 암시한다.

내적 고독과 내적 공간을 갖는 것은 매우 중요하다. 왜냐하면 그것은 존재하고, 가고, 기능하고, 하늘을 나는 자유를 뜻하기 때문이다. 미덕이 자유가 있을 때에만 꽃피듯이 선(善)은 공간 속에서만 꽃필 수 있다. 우리는 정치적 자유를 가질 수 있겠지만, 내적으로 자유롭지 않으며 따라서 거기엔 공간이 없다. 자기 자신 안에 이 거대한 공간 없이는 어떤 값진 미덕이나 성질도 기능하거나 자라나지 못한다.

그리고 공간과 침묵이 필요한 까닭은, 마음이 외롭고 어떠한 영향도 받지 않고 훈련되지 않고 무수히 잡다한 경험들로 가득 차 있지 않을 때에만 마음이 완전히 새로운 어떤 것과 만날 수 있기 때문이다. 마음이 침묵할 때에만 명징(明澄)할 수 있음을 우리는 분명히 알 수 있다. 동양에서 명상의 오롯한 목적은 그러한 마음의 상태를 갖는 것이다. 즉 생각을 통제하는 것인데, 이것은 마음을 진정시키기 위해 끊임없이 기도를 되풀이하고 그런 상태에서 문제를 이해하고자 하는 것과 같다. 그러나 공포, 슬픔, 불안 그리고 자신이 놓은 모든 덫에서 벗어나지 않는다면 어떻게 마음이 고요해질 수 있겠는가? 이것은 의사소통하기에 가장 어려운 것 중의 하나다. 우리들 사이의 의사소통이란 다음과 같은 사실을 의미한다.

즉 내가 사용하는 말들을 당신이 이해해야 할 뿐만 아니라 우리 두 사람, 즉 당신과 내가 한순간 늦게나 한순간 빠르게가 아니라 동시에 강렬하고 같은 수준에서 서로 만나야 한다는 것을 뜻한다. 자신의 지식, 쾌락 또는 견해에 따라 당신이 읽고 있는 것을 설명하거나 이해하기 위해 엄청난 노력을 기울일 때, 의사소통은 불가능해진다.

내가 보기에 인생에서 가장 큰 장애물 가운데 하나는, 성취하고 얻으려고 하는 그 끊임없는 싸움이다. 우리는 어린 시절부터 얻고 성취하도록 훈련된다. 바로 뇌세포들 자체가 육체적 안전을 위해 그런 성취의 패턴을 만들어내고 요구한다. 그러나 심리적 안정은 그 성취의 영역 안에 없다. 우리는 모든 관계, 태도, 활동들에서 안전을 바라지만, 이미 보았듯이 실제로 안전 같은 것은 없다. 어떤 관계에든지 어떤 형태의 안전도 없다는 것을 아는 것, 즉 심리적으로 영구적인 것이 없다는 사실을 깨닫는 것은 삶에 대해 완전히 다른 접근을 하게 만든다. 물론 잠, 옷, 음식과 같은 외적 안전은 매우 중요하지만, 그 외적 안전은 심리적 안전을 요구함으로써 파괴된다.

공간과 침묵은 의식의 한계를 넘어서는 데 필요하지만, 사리(私利)를 위해 그렇게 끊임없이 활동적인 마음이 어떻게 평온해질 수 있을까? 마음을 닦고 통제할 수도 있겠지만, 그런 고행은 마음을 고요하게 하지 못한다. 그것은 마음을 무디게 할 뿐이다. 고요한 마음을 갖고자 하는 이상을 다만 좇는 것은 분명히 쓸데없는 일이다. 당신이 마음을 강압하면 할수록 그것은 더 좁아지고 정체될 것이기 때문이다. 모든 통제, 억압과 마찬가지로, 오직 갈등을 낳을 따름이다. 그러므로 통제와 외적 수련은 방법이 될 수 없으며, 수련이 부족한 삶 또한 가치가 없다.

우리들 대부분의 삶은 사회의 요구에 의해, 가족에 의해, 자신의 고통에 의해, 자신의 경험에 의해, 어떤 이데올로기 또는 실제 패턴에 순응하는 것에 의해 외적으로 훈련되어 있다. 그리고 그런 형태의 훈련은 가장 무딘 것이다. 훈련에는 통제나 억압 그리고 공포가 없어야 한다. 그렇다면 어떻게 해야 이런 훈련이 있을 수 있을까?

훈련이 먼저 있고 나서 자유가 있는 것이 아니다. 자유는 끝이 아니라 맨 처음에 있는 것이다. 이 자유—이것은 훈련에 순응하는 것으로부터의 자유이다—를 이해하는 것이 훈련이다. 배우는 행위가 바로 단련이며—단련(discipline)이라는 말의 근본 의미가 배운다는 것이다—배우는 행위 자체가 명징성이 된다. 통제, 억압, 방종의 본질과 구조를 이해하기 위해서는 주의력이 요구된다. 그것을 배우기 위해 단련을 부과해서는 안 되며, 배우는 행위가 바로 그것 자체의 단련—그 속에는 억압이 없다—을 가져오는 것이다.

권위—우리는 지금 법적 권위가 아니라 심리적 권위에 대해 얘기하고 있다—를 부정하기 위해서는 즉, 모든 종교 조직, 전통과 체험의 권위를 거부하기 위해서는 왜 사람이 아무렇지도 않게 복종하는가를 알아야 한다. 그것을 실제로 연구해 보아야 한다. 그리고 그것을 연구하기 위해서는 비난, 정당화, 의견과 수락으로부터 자유롭지 않으면 안 된다. 그런데 우리는 권위를 수락할 수 없으면서도 그것을 연구한다. 이건 있을 수 없는 일이다. 권위의 전(全) 심리적 구조를 자신 안에서 연구하려면 자유가 있어야 한다. 그리고 우리가 연구하고 있을 때 우리는 전 구조를 부정하고 있는 것이며, 또 우리가 부정할 때 바로 그 부정이 권위로부터 자유로운 마음의 빛이 된다. 지금까지 값지다고 여겨온 모든 것, 즉 외적 훈련, 영도력, 관념론 같은 것들에 대한 거부가 그것을 연구하는 것이다. 그리하여 바로 연구 행위 그것은 훈련일 뿐만 아니라 그것에 대한 거부이며 그 거부는 긍정적인 행위다. 그래서 우리는 마음의 평온을 가져오는 데 중요하다고 생각되는 모든 것들을 거부하고 있는 것이다.

이렇게 해서 우리는 고요로 인도하는 것이 통제가 아님을 알게 된다. 또한 마음이 어떤 대상에 너무나 흠뻑 빠져 스스로를 잃어버렸을 때에도 그 마음은 고요하지 않다. 그것은 아이에게 재미있는 장난감을 주는 것과 같다. 아이는 장난감을 주었을 때 아주 조용해지지만, 그 장난감을 치워 버리면 다시 시끄러운 장난질로 되돌아갈 것이다. 우리는 모두 우리를 열중케 하는 장난감들을 갖고 있으며 그래서 우리는 우리 자신이 매우 조용하다고 생각한다. 그러나 어떤 사람이 어떤 형태의 활동—과학적 · 문학적 활동이나 또는 어떤 종류의 활동이든지 간에—에 헌신할 때, 그 장난감이 다만 그를 흡수하고 있는 것이며 그가 정말 조용한 것은 아니다.

우리가 오직 알고 있는 고요는 소음이 멈출 때의 고요, 생각이 멈출 때의 고요뿐인데, 그것은 고요가 아니다. 고요는 아름다움이나 사랑처럼 완전히 다른 것이다. 이 고요는 조용한 마음의 산물이 아니며, 그 전체 구조를 알고 "제발 좀 조용히 해"라고 말하는 뇌세포의 산물이 아니다—그렇게 되면 뇌세포 스스로가 고요를 만드는데, 그것은 고요가 아니다. 또 고요는 관찰자가 관찰되는 것이라는 주의력의 소산도 아니다. 그렇다면 마찰이 없겠지만, 그러나 그것은 고요가 아니다.

당신은 그 고요가 무엇인지에 대해 내가 말하기를 기다리고 있으며, 그것을 비교하고 설명하고 가져다가 묻어버리고자 하고 있다. 그러나 그것은 설명될 수가 없다. 설명될 수 있는 것은 아는 것이며 아는 것으로부터의 자유는 아는 것에 대해, 마음의 상처와 감언이설에 대해, 당신이 만든 모든 이미지와 체험들에 대해 매일 죽을 때에만 있을 수 있는 것이다, 매일 죽어야만 뇌세포들이 새로워지고, 젊어지고, 순수해진다. 그러나 그 천진함, 그 새로움, 그 유연함과 부드러움이라는 성질은 사랑을 낳지 않는다. 다시 말해 그것은 아름다움이나 고요의 성질이 아니다.

소음이 끝남으로써 생기는 고요가 아닌 진정한 고요는 다만 작은 시작일 따름이다. 그것은 거대하고 광대하고 넓은 바다로 가기 위해, 측량할 길 없고 영원한 상태로 가기 위해 작은 구멍으로 들어가는 것과 같다. 그러나 당신이 의식의 전 구조와 쾌락, 슬픔, 절망의 의미를 이해했을 때에만 그리고 뇌세포들이 조용해졌을 때에만 당신은 그것을 이해할 수 있을 뿐, 말로는 이해할 수 없다. 그때 아마도 당신은 아무도 당신에게 보여줄 수 없고 어떤 것도 파괴할 수 없는 신비와 만나게 될지도 모른다. 살아 있는 마음은 고요한 마음이며, 아무 중심도 없고 공간, 시간도 없는 마음이다. 그런 마음은 무한하고 유일한 진리이며, 유일한 실재인 것이다.

열다섯 번째 이야기

명상에 대하여

"우리는 '나는 불행하다. 그래서 나는 행복해야 한다' 라고 말한다.
하지만 행복해야 한다는 바로 그 요구 속에 불행이 있다.
이 끊임없는 요구에서 벗어나야 하며
그렇지 않으면, 이중성의 회랑(回廊)은 끝나지 않을 것이다."

우리는 모두 어떤 체험을 하고 싶어한다. 신비적 체험, 종교적 체험, 성적 체험, 많은 돈 · 권력 · 지위 · 지배력을 갖는 체험 등등. 점점 나이가 들면서 우리는 육체적 욕망을 채우려는 욕구는 끝날 수 있지만, 그때는 또 보다 넓고 깊고, 뜻깊은 체험을 얻고자 하며, 그래서 우리는 그것들을 얻기 위해 여러 수단을 사용한다. 예컨대 예술의 다른 이름인 의식의 확장이라든가 여러 가지 약물의 복용 같은 게 그것이다. 이것은 기억할 수도 없는 옛날부터 있어왔던 낡은 속임수다. 잎사귀를 씹는다든가 또는 뇌세포 구조에 일시적인 변화나 실재와 비슷한 것을 주는, 보다 민감한 감수성과 고양된 지각을 가져다 주는 최근의 화학제품들이 그런 예에 속한다. 더욱더 체험하고자 하는 이러한 요구는 인간의 내적 가난을 보여준다. 우리는 체험을 통해 자신으로부터 도망칠 수 있다고 생각하지만 그 체험들은 있는 그대로의 우리에 의해 제약을 받는다. 만일 마음이 좁고 질투하고 불안하다면, 가장 최근의 약물을 복용한다 하더라도 여전히 마음은 다만 자신의 보잘것없는 산물, 자신의 제약된 배경에서 나온 보잘것없는 투영만을 보게 될 것이다.

우리들 대부분은 생각에 의해 파괴될 수 없는 완전한 만족과 영구적인 체험을 바란다. 그래서 체험하고자 하는 요구 뒤에는 만족하고자 하는 욕망이 있고, 만족에 대한 요구는 체험을 명령하여 우리는 만족의 모든 관심사를 이해할 뿐만 아니라 체험된 것을 이해하기도 한다.

커다란 만족을 얻는 것은 커다란 쾌락이다. 체험이 영구적이고 깊고 넓으면 넓을수록 그것은 더욱더 즐길 만하기 때문에 쾌락은 우리가 요구하는 체험의 형태를 명령하고 쾌락은 우리가 체험을 재는 자[尺]다. 모든 잴 수 있는 것은 생각의 한계 안에 있으며, 환각을 만들어내기 쉽다. 당신은 놀라운 체험을 할 수 있으면서도 완전히 현혹되어 있을 수 있다. 당신은 필연적으로 당신의 제약에 따라 비전을 볼 것이다. 당신은 예수나 석가모니 또는 당신이 믿게 된 누구라도 보게 될 것이며, 당신이 대단한 신자이면 신자일수록 자신의 비전, 자신의 요구와 충동의 투사(投射)는 더욱더 강해질 것이다.

그리하여 만일 진실과 같은 근본적인 것을 찾는 데 있어서 쾌락이 자로 사용된다면, 당신은 이미 그 체험이 어떤 것일 거라는 것을 투영한 것이며 그래서 그것은 타당성을 잃게 된다.

당신이 말하는 체험이란 무엇인가? 체험 속에 어떤 새로운 것이나 원래의 것이 있는가? 체험은 도전에 대응한 기억들의 묶음이고, 기억은 오직 그것의 배경에 따라서만 반응하며 당신이 체험을 설명하는 데 있어서 영리하면 할수록 그것은 더욱더 반응한다. 그래서 당신은 다른 사람의 체험을 문제삼을 뿐만 아니라 자신의 체험도 문제삼아야 한다. 만일 당신이 어떤 체험을 인지하지 못하면 그것은 전연 체험이 아니다. 모든 체험은 이미 체험된 것이며 그렇지 않다면 당신은 그것을 인지하지 못했을 것이다. 어떤 체험을 인지할 때 당신은 자신의 조건에 따라 좋은 것, 나쁜 것, 아름다운 것, 신성한 것으로 인지하며, 따라서 한 체험에 대한 인지는 낡은 것일 수밖에 없다.

우리가 실재를 체험하려면—우리 모두가 그러기를 바라고 있다—그것을 알아야 하고 그것을 알아차리는 순간 우리는 이미 실재를 투사한 것이어서 그것은 더 이상 실제적이지 않다. 왜냐하면 그것은 여전히 생각과 시간의 장(場) 속에 있기 때문이다. 만일 사고가 실재에 관해서 생각할 수 있다면 그것은 실재일 수가 없다. 우리는 새로운 체험을 알아차릴 수가 없기 때문이다. 그것은 불가능하다.

우리는 이미 알고 있는 어떤 것만을 인지할 수 있으며, 따라서 우리가 새로운 체험을 했다고 말할 때 그것은 전혀 새로운 것이 아니다. 여러 가지 환각제로 하듯 의식의 팽창을 통해서 더욱더 나아간 체험을 하고자 하는 것은 여전히 의식의 범위 속에 있다는 뜻이며, 따라서 매우 제한되어 있는 것이다.

그래서 우리는 근본적인 진리를 발견했는데, 그것은 다름 아니라 좀더 넓고 깊은 체험을 찾고 갈망하는 마음은 아주 얕고 무딘 마음이라는 것, 왜냐하면 그것은 언제나 기억과 더불어 살고 있기 때문이다.

만일 우리가 전혀 아무런 체험도 갖고 있지 않다면, 우리에게 무슨 일이 일어날까? 우리는 깨어 있기 위해서 체험과 도전에 의존한다. 만일 우리 자신 안에 어떠한 갈등이나 변화, 불안이 없다면, 우리는 깊이 잠들 것이다. 그래서 도전은 우리들 대부분에게 필요한 것이다. 도전 없이는 우리의 마음이 우둔하고 무거워질 것이며, 그래서 우리는 우리에게 더 많은 흥분과 강렬함을 주기 위해, 우리의 마음을 더욱 예민하게 하기 위해 도전과 체험에 의존하게 된다.

그러나 깨어 있기 위해 도전과 체험에 의존하는 것은 우리의 마음을 더욱 무디게 할 뿐이다. 즉 그것은 우리를 전혀 깨어 있게 하지 않는다. 그래서 나는 도전이나 체험 없이 완전히, 즉 '내 존재의 일부분이 아니라 완전히 깨어 있을 수 있는가?' 하고 자문한다. 이것은 육체적 · 정신적 감수성을 암시한다. 즉 그것은 내가 모든 요구로부터 자유로워야 한다는 것을 뜻하는데, 왜냐하면 내가 요구하는 순간 나는 체험하기 때문이다. 그리고 요구와 만족에서 자유롭기 위해서는 나 자신을 연구, 조사할 필요가 있으며, 요구의 본질 전부를 이해할 필요가 있다.

요구는 이중성에서 나온다.

"나는 불행하다. 그래서 나는 행복해야 한다."

그런데 나는 행복해야 한다는 바로 그 요구 속에 불행이 있다. 착해지려고 노력할 때, 바로 그 선(善)인 그것이 반대인 악(惡)인 것이다. 긍정된 모든 것들은 그것 자체의 반대를 포함하고 있으며, 극복하고자 하는 노력은 극복하고자 하는 그것을 강화시킨다. 당신이 진실 또는 실재를 체험하고 싶어할 때 그 요구는 바로 현재 '있는 것'에 대한 당신의 불만에서 나오는 것이며, 따라서 그 요구는 요구와 반대되는 것을 낳는다. 그리고 그 반대되는 것 속에는 '있었던 것'이 들어 있다. 그래서 이 끊임없는 요구에서 벗어나야 하며, 그렇지 않으면 이중성의 회랑(回廊)은 끝나지 않을 것이다. 이것은 당신 자신을 아주 완전하게 앎으로써 마음이 더 이상 뭔가를 찾지 않는다는 것을 뜻한다.

그런 마음은 체험을 요구하지 않는다. 즉 그것은 도전을 바라지 않으며 도전을 알지도 못한다. 그런 마음은 '나는 잠들어 있다'거나 '나는 깨어 있다'라고 말하지 않는다. 그것은 완전히 있는 그대로다. 오직 좌절하고 좁고 얕고 제약된 마음만이 항상 더 많은 것을 얻고자 한다. 그러면 이 세상에서 '더 많이'라는 말 없이, 이 끝없는 비교 없이 이 세상에서 살 수 있을까? 정말 그럴 수 있을까? 그러나 이것은 자기 스스로 해답을 찾지 않으면 안 된다.

이 모든 질문을 탐색하는 것이 명상이다. 이 말은 동서양에서 모두 가장 적절치 못한 방법으로 사용되어 왔다. 명상에는 다른 학파들과 다른 방법과 다른 체계들이 있다. "당신의 엄지발가락의 움직임을 보라, 그걸 보라, 그걸 보라, 그걸 보라"

라고 말하는 계통이 있는가 하면, 어떤 자세로 앉아서 숨을 규칙적으로 쉬거나 인지(감각을 통한 앎—옮긴이)를 연습하라고 하는 계통도 있다. 이 모든 것은 완전히 기계적이다. 또 다른 방법은 당신한테 어떤 말을 하나 던져주고, 당신이 그 말을 반복하면 당신은 어떤 비상한 초월적 체험을 하게 된다고 말한다.

이것은 난센스일 뿐이다. 이것은 자기 최면의 한 형태이다. 아멘이나 옴* 또는 코카콜라를 무한정 되풀이 외운다면 당신은 분명히 어떤 체험을 할 것이다. 왜냐하면 반복함으로써 마음이 조용해지기 때문이다. 이것은 인도에서 수천 년 동안 실천되어온 것으로서 잘 알려진 현상이다. 이것이 만트라 요가(Mantra Yoga)라는 것이다. 반복에 의해 당신은 마음을 유연하고 부드럽게 할 수 있다. 하지만 그것은 여전히 보잘것없고 허울좋은 작은 마음이다. 당신은 정원에서 막대기 하나를 주워서 벽난로 위에 올려 놓고 그 앞에다 매일 꽃 한 송이를 놓을 수도 있다. 한 달이 못 되어서 당신은 그것을 예배하게 될 것이고 그 앞에 꽃을 놓지 않는 것이 죄가 될 것이다.

---

* Om, 힌두교의 최고 승려 계급인 브라만에서 종교의식으로 읊는 일종의 영창(詠唱). 세 가지 소리로 되어 있다고 하는데, 그 소리들은 브라마(Brama, 창조), 비슈누(Vishnu, 보존), 시바(Siva, 파괴)를 나타낸다고 하며 또는 각성, 꿈, 깊은 잠을 나타낸다고도 한다.

명상은 어떤 체계도 따르지 않는다. 그것은 끊임없는 되풀이도 아니고 모방도 아니다. 명상은 집중이 아니다. 어떤 선생이 학도들에게 집중을 배우라고 강조하는 것은 그들이 가르치기 시작할 때 애용하는 방법 가운데 하나다. 즉 마음을 한 가지 생각에 고정시키고 다른 모든 생각은 몰아내라는 것이다. 이것은 초등학교 학생도 강제로 시키면 할 수 있는 가장 어리석고 추악한 일이다. 이것은 집중해야 한다는 주장과 여러 다른 것들 속을 헤매는 마음 사이에서 당신이 끊임없이 싸워야 한다는 것을 뜻한다. 모름지기 당신은 마음이 어디를 헤매든지 민감하게 그 모든 움직임에 유의해야 하는데도 말이다. 당신의 마음이 헤맬 때 그것은 당신이 다른 것에 흥미를 가지고 있다는 것을 뜻한다.

명상은 놀랄 정도로 기민한 마음을 요구한다. 즉 명상은 삶의 전체성—그 속에서는 모든 단편화가 중지된다—에 대한 이해이다. 명상은 생각의 통제가 아니다. 왜냐하면 생각이 통제될 때 그것은 마음속에 갈등을 키우기 때문이다. 그러나 당신이 생각의 구조와 근원을 이해할 때, 생각은 방해하지 않을 것이다. 생각의 구조에 대한 이해가 바로 명상이다.

명상은 모든 생각과 감정을 느껴 아는 것이며, 옳다든가 나쁘다고 말하지 않으면서 다만 생각과 느낌을 바라보고 그것과 함께 움직이는 것이다. 그런 관찰 속에서, 당신은 생각과 느낌의 모든 움직임을 이해하기 시작한다. 그리고 그 이해로부터 침묵이 나온다. 생각을 짜맞추는 데서 오는 침묵은 정체(停滯)이고 죽음이지만, 생각이 그것 자체의 처음을 이해하고 그 자체의 본질을 알고 모든 생각이 얼마나 자유롭지 못하고 항상 낡은 것인가를 이해했을 때 오는 침묵은 명상이다. 이 명상 속에는 명상자가 없는데, 왜냐하면 마음이 그것의 과거를 비웠기 때문이다.

만일 당신이 이 책을 처음부터 끝까지 주의 깊게 읽었다면, 그것이 명상인 것이다. 하지만 당신이 나중에 생각해 보기 위해 다만 다소의 말들을 가져가고 또 약간의 생각을 모았을 뿐이라면, 그것은 명상이 아니다.

명상은 모든 것을 완전한 주의력을 가지고 보는 것, 즉 그것의 일부가 아니라 완전하게 보는 마음의 상태다. 아무도 당신에게 주의 깊게 기울이는 법에 대해 가르칠 수 없다. 만일 어떤 체계가 당신에게 가르친다면, 당신은 그 체계에 대해 주의 깊은 것이지 그것이 주의가 아니다. 명상은 인생에서 가장 위대한 예술 가운데 하나일 것이다. 아무에게서도 그것을 배울 수 없는데, 그 점이 바로 그것의 아름다움이다. 명상은 기술을 갖고 있지 않으며, 따라서 권위가 없다. 당신이 자신에 대해서 배우고 자신을 관찰할 때, 당신이 어떻게 걷고 어떻게

생각과 느낌을 바라보고 그것과 함께 움직일 때, 침묵이 나온다.

이 침묵이 명상이다.

먹는지를 관찰하고, 당신이 말하는 것 · 가십 · 증오 · 질투를 관찰할 때, 그 모든 것을 아무 선택 없이 당신 자신 안에서 알아차릴 때, 그것이 명상의 일부다.

그러므로 명상은 버스에 앉아 있거나 빛과 그림자로 가득 찬 숲속을 걸어갈 때 또는 새가 노래하는 걸 듣거나 당신의 아내나 아이의 얼굴을 바라볼 때 일어날 수 있다.

명상을 이해하는 데에는 사랑이 있으며, 사랑은 체제나 습관 따위의 산물이 아니다. 사랑은 생각에 의해 심어 키워지지 않는다. 사랑은 아마도 완전한 침묵이 있을 때 존재하게 되는데, 그 침묵이란 그 속에 명상자가 완전히 없는 그런 침묵이다. 그리고 마음은 생각과 감정으로서 자신의 움직임을 이해할 때에만 고요해질 수 있다. 이 생각과 감정의 움직임을 이해하려면 그것을 관찰할 때 비난이 있어서는 안 된다. 그렇게 관찰하는 것이 훈련이며, 그런 종류의 훈련은 순응 훈련이 아니라 유동적이고 자유롭다.

열여섯 번째 이야기

완전한 혁명

"종교적인 마음은 종교를 믿는 마음과 전혀 다른 것이다.
당신은 종교적이지 못하면서도 힌두교도, 기독교도나 불교도일 수 있다.
종교적인 마음은 전혀 무엇인가를 구하지 않으며, 아무 신앙도 없는 상태이다.
다만 그냥 있는 것, '참으로 있는 것' 이다."

우리가 지금까지 이 책에서 관심을 가져온 것은 우리 자신 안에, 우리의 삶 속에, 현존하는 사회와 무관한 완전한 혁명을 가져오는 일이었다. 있는 그대로의 사회는 끝없는 공격전(攻擊戰)—그것이 방어적이든 공격적인 것이든—이 있는 무서운 것이다. 우리가 필요로 하는 것은 완전히 새로운 어떤 것, 정신 자체 속의 하나의 혁명, 하나의 변화다. 낡은 머리로는 인간관계라는 인간의 문제를 해결할 수 없다. 낡은 두뇌는 아시아적이고 유럽적이고 미국적이고 아프리카적이다. 그래서 우리가 뇌세포들 자체에 변화를 가져올 수 있는지에 대해 자신에게 묻고 있는 것이다.

그러면 우리 자신을 한결 더 잘 이해하게 된 지금, 다시 한 번 스스로에게 물어보자. 인간이 이 잔인하고 폭력적이고 냉혹한 세계에서, 다시 말해 더욱더 능률적이며 더욱더 냉혹한 세계에서 정상적인 나날의 삶을 살 수 있을까? 그의 외적 관계들에서뿐만 아니라 그의 사고, 감정, 행동, 반응의 전 영역에서 혁명을 가져올 수 있을까?

매일 우리는 세계에서 인간의 폭력으로 인한 경악할 만한 사건들을 보거나 읽는다. 당신은 "나는 그것에 관해 아무것도 할 수 없어"라든가 "어떻게 내가 세상에 영향을 미칠 수 있을까?"라고 말할지도 모른다. 만일 당신이 폭력적이지 않고 매일매일 평화로운 삶, 다시 말해 경쟁적이지 않고 야심이 없으며 질투나 선망하지 않는 삶을 살 수 있다면, 적대감을 만들어내지 않는 삶을 살아갈 수 있다면, 당신은 세계에 엄청난 영향을 끼칠 수 있을 것이다. 작은 불이 타오르는 불꽃이 될 수 있다. 우리는 자기 중심적 행동을 함으로써, 편견과 증오와 민족주의를 가짐으로써 이 세계를 현재의 혼돈 상태로 만들었으며, 우리가 그것에 관해 아무것도 할 수 없다고 말할 때, 우리는 자신의 무질서를 불가피한 것으로 받아들이고 있는 것이다. 우리는 세계를 쪼개어 조각내 놨으며, 만일 우리 자신이 부서지고 조각나면, 세계와의 관계 또한 부서질 것이다. 그러나 만일 우리가 행동하면, 완전하게 행동하면, 우리의 세계와의 관계는 엄청난 혁명을 겪게 된다.

어떤 값진 운동이든지, 어떤 깊은 뜻을 지닌 행동이든지, 우리들 각자 속에서 시작되어야 한다. 내가 먼저 변화해야 한다. 즉 세계와 내가 맺고 있는 관계의 본질과 구조를 알아야 한다. 그리고 그 아는 것이 바로 행동하는 것이다. 그리하여 이 세계에 살고 있는 인간으로서 나는 어떤 다른 특성을 낳게 된다. 이에 대해 나는 그 특성이 종교적인 마음의 특성이라고 생각한다.

종교적인 마음은 종교를 믿는 마음과 전혀 다른 것이다. 당신은 종교적이지 못하면서도 힌두교도나 회교도, 기독교도나 불교도일 수 있다. 종교적인 마음은 전혀 무엇인가를 구하지 않으며 진리를 체험할 수도 없다. 진리는 당신의 쾌락이나 고통에 의해 좌우되는 것이 아니며, 또 힌두교도나 다른 어떤 종교의 신자라는 조건에 의해 좌우되는 것도 아니다. 종교적인 마음은 공포가 없는 마음의 상태며 따라서 아무 신앙도 없는 상태다. 다만 그냥 있는 것, '참으로 있는 것' 이다.

종교적인 마음속에는 우리가 이미 살펴본 침묵의 상태, 즉 생각에 의해 만들어진 것이 아니라 알아차림의 소산인 침묵의 상태가 들어 있으며, 이것이 바로 명상자가 완전히 없는 명상이다. 그런 침묵 속에는 갈등 없는 에너지의 상태가 있다. 에너지는 행동이며 운동이다. 모든 행동은 운동이며 모든 행동은 에너지다. 모든 욕망은 에너지다. 모든 정조(情操)는 에너지이다. 모든 삶은 에너지다. 모든 생명은 에너지다. 만일 그 에너지가 아무 모순 없이, 아무 마찰 없이, 아무 갈등 없이 넘쳐 흐르게 놔둔다면, 그 에너지는 한도 끝도 없을 것이다. 마찰이 없을 때 에너지에는 경계가 없다. 에너지에 한계를 가하는 것은 마찰이다. 그런데 일단 이 사실을 알았다면, 왜 인간은 항상 에너지에 마찰을 있게 하는 것일까? 왜 인간은 우리가 삶이라고 부르는 이 운동에 마찰을 만들어내는가? 순수 에너지, 한계 없는 에너지는 인간에게 있어 한낱 관념에 불과한가? 그것은 실재를 갖고 있지 않은가?

우리는 자신 안에 완전한 혁명을 가져오기 위해서뿐만 아니라 살피고, 보고, 행동하기 위해서 에너지를 필요로 한다. 그리고 우리의 관계들 속에—그것이 남편과 아내, 사람과 사람, 한 공동체와 다른 공동체, 한 나라와 다른 나라, 한 이데올로기와 다른 이데올로기 등 어떤 관계이든지 간에—내적 갈등이나 외적 마찰이 있는 한 그것이 아무리 미묘한 것이라고 하더라도 거기엔 에너지의 낭비가 있다. 관찰자와 관찰되는 것 사이에 시간의 간격이 있는 한 그것은 마찰을 낳고 따라서 에너지의 낭비가 있게 된다. 그 에너지는 관찰자가 관찰되는 자일 때, 즉 시간의 간격이 전혀 없을 때 그 최고점에 모인다. 그러면 동기 없는 에너지가 있게 되고 에너지는 자신의 행동의 통로를 찾을 것이다. 왜냐하면 그때는 '나'가 존재하지 않기 때문이다.

혼란을 이해하려면—우리는 그 혼란 속에서 살고 있다—엄청난 양의 에너지가 필요하며, "나는 이해해야 된다"라는 느낌은 발견을 위한 활력을 낳게 된다. 그러나 찾아내는 것, 탐구하는 것은 시간을 암시하며, 우리가 이미 살펴보았듯이, 점차적으로 마음을 자유롭게 하는 것은 방법이 아니다.

시간은 방법이 아니다. 늙었든 젊었든지 간에 삶의 모든 과정이 다른 차원으로 옮겨질 수 있는 것은 지금이다. 있는 그대로의 우리와 반대되는 것을 찾는 것도 길이 아니며, 어떤 체계, 선생, 철학자 또는 성직자에 의해 부과된 인위적 훈련도 길이 아니다. 그것들은 모두 너무 유치하다. 이것을 깨달을 때, 우리는 이 오랜 세월 동안 쌓아온 무거운 제약을 즉각적으로 깨뜨릴 수 있으며 또 하나의 제약 속으로 들어가지 않을 수 있는지 자문해 본다. 즉 자유롭게 되어서, 마음이 새롭고, 민감하고, 살아 있고, 느껴 알고, 강렬하고, 능력 있을 수 있는지 자문한다. 그것이 우리의 문제다. 그 밖의 다른 문제는 없다. 왜냐하면 마음이 새로워지면 그것은 어떤 문제도 다 잡을 수 있기 때문이다. 따라서 그것이 우리가 스스로 물어야 할 유일한 질문이다.

그러나 우리는 묻지 않는다. 그 대신 남의 말을 듣고 싶어한다. 우리의 정신구조에서 가장 이상한 것 가운데 하나는, 우리가 수천 년 동안의 프로파간다의 결과이기 때문에 우리 모두는 남의 말을 듣고 싶어한다는 것이다. 질문한다는 것은 스스로에게 묻는다는 것인데, 우리는 남에 의해 인정받고 확증된 생각을 갖고 싶어한다. 내가 말하는 것은 아무런 가치도 없다. 당신은 이 책을 덮는 순간 이것을 잊거나 아니면 어떤 구절을 기억하고 되씹어보거나 또는 여기서 읽은 것과 다른 책에서 읽은 것을 비교해 볼 것이다. 그러나 당신은 자신의 삶을 똑바로 마주 보지 않을 것이다. 당신의 삶, 당신 자신, 당신의 왜소함, 당신의 경박감, 당신의 잔인함, 당신의 폭력, 당신의 탐욕, 당신의 야심, 당신의 일상적 괴로움과 끝없는 슬픔, 이것이 문제의 전부다. 이것은 당신이 이해해야 하는 것이며, 당신 이외에 이 세상 어느 누구도 당신을 그것으로부터 구제하려고 하지 않을 것이다.

당신이 살아가는 나날의 삶, 나날의 활동 속에서 진행되는 모든 것을 볼 때, 즉 당신이 펜을 집어들고, 말하고, 드라이브하러 나가고, 혼자 숲속을 걷고 있을 때, 당신은 한숨에, 한눈에 있는 그대로의 자기 자신을 아주 쉽게 알 수 있는가? 있는 그대로의 자신을 알 때, 당신은 인간의 노력, 기만, 위선, 탐색의 모든 구조를 이해하게 된다. 그러려면 당신은 스스로에 대해 엄청나게 정직해야 한다. 당신이 자신의 원칙에 따라 행동한다면 그것은 정직하지 못한 것이다. 왜냐하면 당신이 생각하는 바에 따라 행동할 때 당신은 있는 그대로의 당신이 아니기 때문이다. 관념을 갖는 것은 잔인한 일이다. 만일 당신이 어떤 관념, 신념, 원칙들을 갖고 있다면 당신은 자신을 똑바로 볼 수 없다. 그러니 어떻게 완전히 부정적이고, 완전히 고요하고, 생각도 없고, 두려움도 없으면서 비상하게, 정열적으로 살아 있을 수 있겠는가?

더 이상 애쓸 수 없는 그런 마음의 상태가 종교적인 마음이며, 그런 상태 속에서 당신은 진리, 실재, 은총, 신, 아름다움 그리고 사랑을 만날 수 있을 것이다. 이런 것은 초대될 수 없다. 이 지극히 간단한 사실을 이해해 주기 바란다. 그것은 초대될 수 없고 찾아 얻을 수도 없다. 왜냐하면 마음은 너무 어리석고, 너무 작고, 당신의 정서는 너무 가식적이고, 당신의 생활방식은 너무 혼란스러워져 있는 나머지, 위에서 말한 거대한 것이 당신의 작은 집, 짓밟히고 모욕된 삶의 작은 구석에 초대될 수 없기 때문이다. 당신은 그것을 초대할 수가 없다. 초대하려면 당신이 그것을 알아야 하는데 당신은 그것을 모른다. 누가 그것을 말하든지 간에, 그가 "나는 안다"라고 말하는 순간 그는 알지 못한다. 당신이 그것을 발견했다고 말하는 순간 당신은 발견하지 못한 것이다. 만일 당신이 그걸 체험했다고 말한다면 당신은 그걸 체험하지 못한 것이다. 그것들은 모두 다른 사람—당신의 친구와 적들—을 이용하고 착취하는 방법인 것이다.

그렇다면 어떤 사람은 자문할 것이다. 즉 초대 없이, 기다림 없이, 찾거나 탐색하는 일 없이 그것을 만날 수 있을까? 창문을 열어 놓았을 때 들어오는 시원한 바람처럼 그것을 만날 수 있을까? 당신은 바람을 초대할 수 없으며, 다만 창문을 열어 놓아야 할 뿐이다. 이것은 당신이 기다리는 상태에 있다는 뜻이 아니다. 그것은 또 다른 형태의 기만이다. 또한 그것은 당신이 받아들이기 위해 자신을 열어 놓아야 한다는 뜻도 아니다. 그것은 또 다른 종류의 생각이다.

당신은 왜 인간이 진리, 실재, 사랑, 은총, 아름다움 등의 이름으로 불리는 것을 갖고 있지 못한지 자문해 본 적이 있는가? 인간은 아이를 낳고, 성관계와 유연함을 가지며, 교우, 우애, 동료의식 속에서 어떤 것을 더불어 나누는 특성을 갖고 있지만, 위에서 말한 것들은 갖고 있지 않다. 왜 인간은 그것들을 갖고 있지 못한가? 당신이 지저분한 거리를 혼자 걷고 있을 때, 버스에 앉아 있을 때 또는 휴일에 바닷가를 걷거나 수많은 새, 나무, 시내, 맹수들이 있는 숲속을 걷고 있을 때, 느긋하게 의문을 품어본 일이 있는가? 즉, 수만 년 동안 살아온 인간이 왜 이 비상하게도 시들지 않는 꽃을 얻지 못했는지 물어본 일이 있는가? 왜 그렇게 능력 있고, 영리하고, 교활하고, 경쟁적이며 그렇게 놀라운 과학기술을 갖고 있고, 우주에 가고, 땅 밑으로 가고, 바다 밑으로 가고, 또 비상한 인공지능까지 만들어낸 인간이 문제되고 있는 그 한 가지만큼은 얻지 못했는가? 당신의 왜 마음이 공허한가 하는 문제와 당신이 진지하게 부딪쳐본 일이 있는지 나는 궁금하다.

그 질문을 자신에게 물었을 때 당신의 대답은 어떤 것이었는가? 그 질문을 하고 그것의 절박함을 문제삼는 데 있어서 당신의 대답은 당신의 강렬함에 따라 나옴직하다. 그러나 당신은 강렬하지도 않고 절박하지도 않다. 왜냐하면 당신은 에너지, 정열로서의 에너지를 갖고 있지 않기 때문이다. 정열 없이 당신은 아무 진리도 발견할 수 없는데, 그 정열이란 그 뒤에 맹렬함을 갖고 있는 정열이요, 아무 숨겨진 바람〔願望〕이 없는 정열이다. 정열은 말하자면 무서운 것이다. 왜냐하면 당신이 정열을 갖고 있을 때 당신은 그것이 당신을 어디로 데리고갈지 모르기 때문이다.

공포가 그 이유가 아닐까? 즉 사랑이라는 성질이 당신 안에 결핍되어 있는지를 스스로 알아내기 위한 그 정열의 힘을 당신이 갖고 있지 못한 이유, 당신의 가슴속에 그 불꽃이 없는 이유가 공포 아닐까?

만일 당신이 자신의 내면을 아주 면밀히 성찰한다면, 당신은 왜 당신이 그것을 갖고 있지 못한가를 알게 될 것이다. 만일 당신이 그것을 갖고 있지 못한 까닭을 찾아내는 데 있어서 정열적이라면, 당신은 그것이 거기 있음을 알게 될 것이다. 가장 높은 형태의 정열인 완전한 부정(否定)을 통해서만 그것, 즉 사랑은 존재하게 된다. 겸손과 마찬가지로 당신은 사랑을 심어 키울 수 없다. 겸손은 자만이 완전히 끝날 때 존재한다. 그러면 당신은 겸손하다는 것이 무엇인지 모르게 될 것이다. 겸손하다는 게 무엇인지 아는 사람은 텅 빈 사람이다. 마찬가지로 삶의 길을 발견하기 위해, 참으로 있는 것을 알고 또 그것을 넘어서기 위해 당신이 당신의 마음을 주고 당신의 가슴, 당신의 신경, 당신의 눈, 당신의 전 존재를 줄 때 그리고 당신이 지금 살고 있는 삶을 완전히, 전적으로 부정할 때, 추악한 것과 잔인한 것에 대한 바로 그 거부 속에 그것과 다른 것이 존재하게 된다. 그리고 당신은 그것을 알지도 못할 것이다. 즉 침묵한다는 것을 아는 사람, 그가 사랑한다는 것을 아는 사람은 사랑이 무엇이며 침묵이 무엇인지 알지 못한다.

아는 것으로부터의 자유
Freedom from the Known

1판01쇄 발행일 2002년 4월25일
1판28쇄 발행일 2024년 8월20일

ISBN 978-89-87480-48-8 03100

지은이 지두 크리슈나무르티
옮긴이 정현종
펴낸이 류희남
디자인 전명훈

펴낸곳 물병자리
출판등록 1997년 4월14일(제2-2160호)
주소 서울시 종로구 새문안로5가길11, 옥빌딩 801호
전화 02-735-8160
팩스 02-735-8161
홈페이지 www.aquariuspub.com
이메일 aquari5@naver.com

물 병 자 리 　 도 서

'올해의 청소년도서' 선정!

새롭고 적극적인 지구를 살리는 방법 50

환경보호실천이 보다 발전된 형태가 아니라면, 앞으로 더 심각한 문제에 직면할 것이다. 친환경정책을 지향하는 국회위원을 뽑고, 지자체가 세금을 효과적으로 사용토록 친환경 정책의 중요성에 관해 토론하고 행동하는 방법 등을 알려준다.

존 자브나 외 지음 | 황성돈 옮김

자녀에게 친환경 습관을 선물하세요

어린이가 지구를 살리는 방법 50

어렸을 때부터 친환경적인 행동 습관을 형성하는 데 도움을 주는 책. 어른들이 다음 세대를 위해 해야 할 가장 중요한 것은 건강한 지구를 넘겨주는 일이다. 아이가 환경에 대해 막 관심을 갖기 시작했을 때, 가장 간단한 50가지 실천방법을 알려주는 길잡이이다.

소피 자브나 외 지음 | 황성돈 옮김

평생을 좌우하는 0~7세 교육

무지개 다리 너머

태어나 일곱 살이 될 때까지의 시기가 중요하다 강조하는 발도르프교육. 이 시기는 아이의 힘이 자기 몸을 형성시키는 데에 집중된다. 아이에게 필요한 것들을 아이의 12가지 감각별로 세분화하여 쉽게 알려주는 책. 삶의 목적과 방향을 스스로 찾아가는, 몸과 마음이 균형잡힌 아이로 키우는 길잡이이다. 　바바라 J. 패터슨 외 지음 | 강도은 옮김